T 49
Ib 802

# PRINCIPES

DE

# GOUVERNEMENT.

Tout Exemplaire non revêtu de ma signature sera contrefait.

*[signature: Bergé]*

## SOUS PRESSE.

Ouvrage du même Auteur pour paraître dans un mois.

*Traité des Droits et des Devoirs des Français sous la Charte;* 1 vol. in-8º.

Cet ouvrage sera comme la suite de celui-ci, et en contiendra l'application, notamment aux arrestations arbitraires; il traitera à cet égard de la liberté de penser, d'écrire, d'imprimer et d'agir; de l'égalité des droits, de la propriété des biens, et, sous ces divers rapports, de ce qui constitue la résistance tantôt active, tantôt passive, et des cas où chacune de ces résistances est légale, d'après les arrêts et les jurisconsultes.

Il suffit d'indiquer cette matière, pour faire sentir combien elle est importante par elle-même, sur-tout dans la circonstance actuelle.

---

IMPRIMERIE
DE HUZARD-COURCIER, RUE DU JARDINET, Nº. 12.

# PRINCIPES

DE

# GOUVERNEMENT,

ET EN PARTICULIER

DU GOUVERNEMENT REPRÉSENTATIF,

DANS SES

**RAPPORTS AVEC LA CENSURE,**

ET LE

PROJET DE LOI SUR LA LIBERTÉ DE LA PRESSE,

Par M. BERGÉ,

AVOCAT A LA COUR ROYALE DE BORDEAUX,

Auteur de l'Ouvrage intitulé : l'*Officier de l'État civil doit-il être un Prêtre ?*

PARIS,

BÉCHET AINÉ, LIBRAIRE,

QUAI DES AUGUSTINS, N°. 47.

1827.

# PRINCIPES DE GOUVERNEMENT,

ET EN PARTICULIER

## DU GOUVERNEMENT REPRÉSENTATIF,

DANS

## SES RAPPORTS AVEC LA CENSURE,

ET LE

## PROJET DE LOI SUR LA LIBERTÉ DE LA PRESSE.

---

Les élections vont commencer, d'elles seules dépend le bonheur de la France, peut-être même l'existence de la dynastie actuelle! Si le choix est bon, des lois sages seront rendues; elles neutraliseront le poison de celles qui nous ôtent la vie morale; s'il est mauvais, notre perte sera infaillible. C'est donc plus que jamais le moment pour les citoyens de se pénétrer de leurs devoirs en même temps que de leurs droits, et de connaître à fond les principes du Gouvernement représentatif, puisque c'est l'unique moyen de se préserver du danger qui les menace.

*Italiam! Italiam!* s'écriait l'immortel auteur de l'*Esprit des Lois* en voyant approcher le terme de ses travaux, et faisant allusion aux exclamations des Troyens arrivés sur le rivage de Lavinium; il pouvait le dire, il avait fourni glorieusement sa carrière: moi, je commence à peine la mienne, et ne suis même soutenu que par la considération que je remplis un devoir, et acquitte ma dette envers la patrie, en lui apportant le tribut de mes faibles lumières.

Un écrivain justement célèbre aurait pris le même parti, s'il n'avait pas dû, en qualité de pair, combattre avec énergie dans la Chambre héréditaire : alors je me serais tu, moins par la crainte puérile d'être reconnu trop inférieur à mon devancier, que parce qu'il ne m'aurait pas même laissé à glaner dans le champ qu'il aurait moissonné.

Mais puisqu'il a renoncé à mettre la main à la plume pour traiter cette matière, et que l'unique motif qui l'a dirigé m'est inapplicable, je vais tâcher de suppléer à son défaut : heureux si, par mes efforts, je peux engager quelqu'un, plus habile que moi, à achever ce que je n'aurai fait qu'ébaucher! Je verrai sur ce point accomplir mes souhaits, comme ce Spartiate qui s'en retournait joyeux de ce que, dans une assemblée publique, il s'était trouvé plusieurs citoyens qu'on avait jugés valoir mieux que lui.

Fidèle au plan que j'ai suivi dans mon ouvrage sur la remise de l'État civil au Clergé catholique, je n'épouserai non plus, dans celui-ci, les passions d'aucun parti : le langage de la modération et de l'impartialité est toujours suffisant quand on ne veut qu'éclairer.

Dans un premier paragraphe, j'examinerai l'essence de tous les Gouvernemens; dans un deuxième, quelle est la force des lois fondamentales, et si, de même que les lois secondaires, soit civiles, soit politiques, elles peuvent être abrogées par le pouvoir législatif ordinaire; dans un troisième, si la liberté de la presse est nécessaire à l'existence du Gouvernement représentatif; puis, dans un quatrième et dernier, passant à l'application, je rechercherai si le Projet de loi sur la police de la presse anéantit cette liberté, ou s'il n'a d'autre effet que de réprimer la licence, et d'arrêter le danger des ouvrages ou séditieux ou immoraux.

Ce projet est retiré, il est vrai ; mais son examen n'en est pas moins important, depuis qu'on a rétabli la censure, dont il était en quelque sorte l'équivalent, et que le ministère trouvait plus gênante encore que lui, puisqu'il alléguait qu'elle était rejetée de tout le monde, et que le projet proposé n'avait pour but que de créer un mode moins odieux d'arrêter la licence de la presse.

§ I. *Règles générales pour tous les Gouvernemens.*

L'homme est fait pour la société : en vain des sophistes ont prétendu le contraire; en vain le plus éloquent d'entre eux, le fameux citoyen de Genève, a fait un discours exprès pour appuyer ce système, il n'a réussi à convaincre personne.

Comment, en effet, eût-il pu en être autrement ? Ne sentons-nous pas tous, quand nous ne sommes pas aveuglés par la prévention, que nous avons besoin de vivre avec nos semblables ? Nous naissons faibles, dénués de tout, et nous ne pouvons conserver la vie qu'autant que les secours d'autrui suppléent à notre insuffisance.

Voilà déjà ce qui prouve que l'état naturel est pour nous l'état social, quoi qu'en aient dit des écrivains qui ne visaient qu'à la singularité; mais il y a plus, il en résulte encore que nous ne sommes point égaux : nous ne le sommes ni au physique ni au moral.

Au physique, un homme naît plus vigoureux, plus grand, mieux fait qu'un autre; sous ce rapport, il aura des qualités qui lui assureront la supériorité.

Au moral, il aura l'esprit plus vif, le jugement plus sain; il sera plus enclin à la vertu, plus apte aux sciences et aux arts : ce seront autant de nouveaux titres qui feront connaître non-seulement à lui, mais encore à ceux parmi lesquels il se trouvera, qu'il est né pour commander.

S'il ne réunit pas tous ces avantages, il s'agira de voir quels sont ceux qui méritent la préférence, et l'individu qui les possédera sera celui sur lequel porteront les suffrages de ses concitoyens : il est naturel qu'ils se règlent d'après ce qui leur est le plus utile ; ils partiront donc de cette base.

Mais, en adoptassent-ils une autre, il n'en sera pas moins constant que l'égalité n'existe pas entre eux, même à leur naissance, puisque les facultés corporelles ou intellectuelles des uns surpassent celles des autres.

Bien moins encore existe-t-elle lorsqu'ils sont parvenus à l'âge mûr : alors ces facultés se sont développées, et assurent à la plupart l'état qu'ils doivent occuper, pour le reste de leurs jours, dans la hiérarchie sociale.

Les hommes ne sont donc pas égaux par la nature ni par la naissance, comme l'avait fastueusement avancé l'Assemblée constituante dans sa Déclaration des droits, qu'elle regardait pourtant comme un chef-d'œuvre, où elle exprimait, jusqu'à satiété, ses vues philantropiques, et qui, à cet égard, ne fut en réalité que celui de la déraison.

Sont-ils au moins égaux en droits? Pas davantage; et c'est précisément leur inégalité de naissance qui, dans l'état de nature, est la cause de leur inégalité de droits. Le plus fort, le plus adroit ou le plus intelligent est choisi pour chef, et a plusieurs prérogatives que partagent, quoique dans un moindre degré, ceux qui, par leurs qualités, se rapprochent le plus de lui.

Mais si, dans l'état de nature, les hommes ne sont égaux ni par leur naissance ni par leurs droits, comment peut-on dire qu'ils naissent et demeurent libres? Ils sont, au contraire, dépendans; ils le sont du sol où ils ont reçu l'existence, du sein qui les nourrit, de la main qui les protège et les empêche de tomber; ils ne changent d'état qu'en grandissant, et à proportion qu'ils acquièrent plus de moyens de s'élever, soit au physique, soit au moral.

La liberté n'existe donc point non plus par la naissance, et par conséquent on ne peut pas la conserver : la conservation suppose la possession.

C'est donc encore une nouvelle erreur qu'avança l'Assemblée constituante quand elle déclara que les hommes naissaient et demeuraient libres.

Mais sa Déclaration sur la liberté et l'égalité, insérée dans le préambule de sa Constitution, était en outre fort dangereuse, et quand même elle n'eût pas été erronée, elle n'aurait pas dû s'y trouver. Les anciens législateurs s'étaient bien gardés de parler aux peuples de leurs droits, ils s'étaient contentés de leur rappeler leurs devoirs, de crainte que, pour trop vouloir conserver ou étendre les premiers, ils n'oubliassent les seconds; et les catastrophes de tout genre dont la France a, depuis cette Déclaration, été la victime, ont justifié la sagesse de leur marche.

Ils n'avaient même pas fait de préambule,

ils sentaient qu'il était inutile et inconvenant, et que la majesté des lois ne peut pas s'accommoder des phrases d'un rhéteur. Zaleucus, de Locres, fut le seul qui se le permit; mais du moins le fit-il en très-peu de mots, et uniquement pour rendre hommage à l'Ordonnateur des mondes : la sublimité de son langage doit lui faire pardonner cet écart.

Quoique les hommes ne naissent ni ne demeurent immédiatement libres et égaux, ils le deviennent cependant; mais il est bien essentiel d'observer que ce n'est jamais dans l'état de nature, c'est seulement dans l'état de société : ils se sont réunis pour faire disparaître les inconvéniens résultant de l'inégalité de naissance, et pour remplacer cette inégalité par l'égalité des droits.

Ils voyaient en effet que c'était l'unique moyen d'empêcher que le plus fort ou le plus adroit n'opprimât le plus faible, et ils se dépouillèrent de leurs avantages particuliers, à condition qu'ils seraient protégés par la masse des autres individus : ils confièrent, les uns à un seul citoyen, les autres à plusieurs, le soin de veiller à la conservation de leurs intérêts : de là les diverses formes de gouvernement.

C'est ainsi que, dans les temps primitifs, se forma l'autorité souveraine; elle eut pour fondement l'utilité des gouvernés plutôt que la satisfaction des gouvernans, et l'Écriture, en nous parlant de Nemrod, qui fut probablement le premier des monarques, et qui était fils de Chus, arrière-petit-fils de Noé, observe qu'il était un puissant chasseur devant le Seigneur (1). On a mal-à-propos entendu ce texte dans un sens défavorable à ce prince, rien ne prouve qu'il le méritât : on peut croire, au contraire, que par sa vaillance il avait rendu service à ses concitoyens, en les délivrant des incursions des bêtes féroces, auxquelles ils étaient très-exposés à ces époques reculées, et que c'est pour l'en récompenser qu'ils l'élurent leur souverain,

---

(1) *Genes.*, c. 10, v. 8.

comme, long-temps après, les Mèdes prirent pour le leur Déjocès, à cause de l'idée qu'ils avaient conçue de sa sagesse et de son équité, qui le leur avaient fait choisir souvent pour leur arbitre.

Ils ne prirent pas, en s'assujettissant à eux, des précautions contre l'abus possible qu'ils leur confiaient de la puissance; ils ne soupçonnaient même pas d'en avoir besoin : ce n'est que l'expérience qui, à cet égard, pouvait les éclairer, et ils ne l'acquirent qu'à la longue.

Le premier mode de gouvernement fut donc le despotique; mais croit-on que pour cela il fût absolument sans limites, et que les peuples eussent entendu se livrer sans défense aux caprices des souverains, et leur abandonner leurs personnes et leurs biens?

Ce serait une grande erreur de le penser; et c'est précisément parce que les peuples ne prévoyaient pas d'abord que le pouvoir qu'ils confiaient à un monarque pût leur devenir funeste, qu'on doit reconnaître qu'ils n'ont eu l'intention de se soumettre à ses volontés, qu'autant qu'elles seraient conformes aux premières notions du juste et de l'injuste.

Aussi voit-on que les fondateurs des empires furent tous considérés comme les bienfaiteurs de l'humanité ; leurs successeurs seuls abusèrent de la puissance qui leur avait été donnée pour un meilleur usage, et l'employèrent, pour la plupart, à désoler la terre par la manie des conquêtes : c'est ainsi que Ninus, qui remplaça Nemrod, et à qui Ninive ou Nin-vah dut son nom, étendit les bornes de l'Assyrie, et que sa femme Sémiramis, marchant sur ses traces et le faisant oublier, créa l'un des plus vastes États qui aient jamais existé.

Ecbatane et Babylone commencèrent et s'agrandirent de même, et l'on peut dire que cette marche a été celle de toutes les monarchies, depuis l'Égypte, qui eut pour son premier roi Ménès, à qui l'on attribue le desséchement des marais de l'Heptanomide jusqu'à Argos et Sicyone, où Phoronée, Inachus et Égialée comptent, comme le plus glorieux de leurs titres, d'avoir policé des sauvages et de leur avoir enseigné les premiers principes de la civilisation, qu'ils avaient eux-mêmes puisés dans le droit divin et le droit naturel.

On sait, en effet, que c'est aux Égyptiens et aux Phéniciens que la Grèce en est redevable : or ces peuples avaient des notions de Dieu, quoique défigurées; car du temps d'Abraham, c'est-à-dire dix-neuf cents ans avant J.-C., on voit qu'Abimelech, roi de Gérare, dans le pays des Philistins, fit alliance avec ce patriarche (1), et que celui-ci eut des relations avec un autre prince du même nom qui gouvernait l'Égypte (2). Il est certain d'ailleurs, par une foule de monumens historiques, que les Philistins sont les mêmes qui, dans la suite, furent nommés Phéniciens; enfin, Sem, fils de Noé, ayant vécu cinq cents ans depuis le Déluge, et ses descen-

---

(1) *Genes.*, c. 21.
(2) *Genes.*, c. 12.

dans, jusqu'à Jacob et Joseph, s'étant mariés vers trente ans, il a pu les voir tous, et leur laisser le souvenir de cet événement mémorable et de sa cause : ils ont donc pu aussi connaître le droit divin, et non pas seulement le droit naturel.

Voilà le fondement de la doctrine de Fleischer (1) et de Gribner (2) : « Que le mo-
» narque, disent-ils, publie des lois tout
» seul; qu'il ne puisse les former que dans
» l'assemblée des trois états; qu'après les
» avoir prononcées, il soit obligé de les sou-
» mettre à l'examen d'un certain corps établi
» dans l'État : il faut toujours, dans tous les
» cas, qu'elles n'aient rien de contraire au
» droit divin, au droit naturel, au bien du
» royaume. »

La nation elle-même ne pourrait pas renoncer à ce droit; car cette renonciation serait directement contraire au but de la so-

---

(1-2) *Fleisch.*, *Inst. jur. nat. et gent.*, l. 3, c. 17, § 5. — *Gribn.*, *Princ. jurisp. nat.*, l. 2, c. 7, § 4.

ciété, qui est la propriété des biens, et la liberté des personnes et des actions.

En effet, les rois ne devant gouverner les peuples que pour le bonheur de ceux-ci, il s'ensuit que tout citoyen doit avoir la *propriété de ses biens et la liberté de sa personne et de ses actions*, chez toute nation policée, et dont le Gouvernement n'est pas despotique; car les individus qui la composent ne se sont réunis en société que pour jouir plus paisiblement des avantages qu'ils avaient en particulier, et pour être moins exposés à les perdre.

Cette perte n'aurait lieu que dans les cas où l'intérêt général l'exigerait, parce que c'est l'unique condition sous laquelle ils y aient consenti.

Cette condition ne fût-elle pas expresse, elle est toujours tacite, parce que la Société ne pouvant point subsister sans le sacrifice, par chacun de ses membres, de la partie de leurs droits qui ne pourrait pas être exercée sans nuire au plus grand nombre des autres membres, il est censé s'être soumis à ce sacrifice.

par cela seul qui'il est entré et demeuré dans le corps social : qui veut la fin veut les moyens,

Telle est, en substance, la théorie des publicistes, et notamment du baron de Wolf, développée par le célèbre Vattel.

Bossuet et Montesquieu l'adoptaient (1) : « Il faut, dit en propres termes le dernier, il faut que la propriété et la vie des citoyens soient assurées comme la Constitution même de l'État. »

Le monarque n'est donc jamais le propriétaire des fonds des citoyens ni de leur mobilier, ils ne les lui ont pas abandonnés, et l'intérêt de la société ne l'exigeait pas; mais cet intérêt voulant qu'ils en soient quelquefois privés, le monarque peut alors les en dépouiller sans jamais en profiter lui-même et se les attribuer exclusivement ; il doit même préalablement faire donner une in-

---

(1) *Espr. des Lois*, l. 6, c. 3. *Polit. sacr.*, l. 8, art. 2, prop. 2, 3 et 4.

demnité aux propriétaires dépouillés, parce que jamais l'intérêt public ne peut exiger que ces propriétaires perdent à-la-fois la chose et le prix ; ce prix doit d'ailleurs être proportionné à la valeur de la chose, puisqu'il la représente.

La privation de la propriété individuelle quand il y a *nécessité* pour l'intérêt public, et moyennant l'indemnité préalable, c'est là tout le droit que peut avoir le Souverain, dans les États même les plus absolus ; il est connu sous le nom de *domaine éminent*: il ne suffirait pas, pour en faire usage, qu'il y eût simplement *utilité* publique, et Grotius, qui soutenait le contraire, a été solidement réfuté par Boecler.

A plus forte raison, le Souverain doit-il laisser aux citoyens la liberté de leur personne et de leurs actions, dans tout ce qui n'est pas contraire au bien général.

Or, ce qui concerne le bien général est réglé par les lois, et les lois sont générales.

Donc, dans tout ce qui n'est pas contraire aux lois, tout citoyen doit avoir la liberté de sa personne et de ses actions ; c'est pour en jouir qu'il est entré dans le corps social : il en est de même pour la propriété des biens.

Ainsi, cette propriété existait dans les gouvernemens même dont j'ai parlé, quoique le peuple n'eût rien réglé à cet égard ; car il n'avait revêtu un citoyen de l'autorité suprême, que pour qu'il pût plus efficacement faire respecter les droits de tous les autres.

La *propriété des biens*, la *liberté des personnes et des actions*, tels sont les droits qui, dans les États les plus despotiques, appartiennent à chaque individu ; ils constituent ce que Burlamaqui appelle *les lois fondamentales naturelles*.

Par la suite, les inconvéniens du gouvernement illimité ou despotique, dont les peuples ne s'étaient pas d'abord aperçus, mais dont ils devinrent les victimes, engagèrent plusieurs d'entre eux à restreindre le pouvoir qu'ils avaient donné à leurs chefs, et ce sont les réglemens qu'ils firent dans cet objet, qui constituèrent *les lois fondamentales po-*

*sitives* : je ne parle pas de celles qui changèrent entièrement la forme du gouvernement, comme à Athènes après la mort héroïque de Codrus, et à Sparte, sous le règne de Charilaüs ; je parle de celles qui, le laissant subsister au fond, se bornèrent à le modifier.

Burlamaqui admet la même distinction entre les lois fondamentales : il observe (1) que les premières renferment l'obligation de faire respecter les personnes et les propriétés ; qu'elles sont une conséquence immédiate de ce que le monarque est choisi pour veiller au bien public ; qu'elles sont inaltérables, imprescriptibles, et qu'elles ont lieu dans les États les plus absolus ( c'est d'elles que parle Bossuet lorsqu'il dit qu'en les violant on renverse tous les fondemens de la terre, après quoi il ne reste plus que la chute des Empires ); que les secondes sont celles par lesquelles on détermine la ma-

---

(1) *Princip. de dr. polit.*, part. 1, c. 7.

nière de gouverner, et l'on met des bornes à l'autorité souveraine, bornes qui varient dans leur étendue, suivant les États.

La monarchie française a toujours eu des lois de ce dernier genre, c'est-à-dire des *lois fondamentales positives* : c'est ce que nos jurisconsultes appellent habituellement lois de l'État, lois publiques du royaume, et qu'ils distinguent soigneusement d'avec les lois du Roi : telles sont, par exemple, celle qui fixe l'ordre de succession au trône, celle qui prononce l'inaliénabilité du domaine de la couronne, l'inamovibilité des offices, etc. : Coquille, Bodin, Chenu et Loiseau s'en expliquent clairement.

Mais ce dernier sur-tout n'en enseigne pas moins que la France est une souveraineté parfaite ; c'est que ces limites, loin d'y apporter de l'imperfection, sont des barrières pour l'empêcher d'y tomber : « Un prince » ou un sénat, reprend Burlamaqui, à qui » on a déféré l'autorité sur ce pied-là, en » peut exercer tous les actes aussi bien que » dans une monarchie absolue. Toute la

» différence qu'il y a, c'est qu'ici le prince
» prononce seul en dernier ressort, suivant
» son propre jugement; mais dans une mo-
» narchie limitée, il y a une certaine as-
» semblée qui, conjointement avec le Roi,
» connaît de certaines affaires, et dont le
» consentement est une condition néces-
» saire, et sans laquelle le Roi ne saurait
» rien déterminer...... L'État ne veut rien
» que par la volonté du Roi; tout ce qu'il
» y a, c'est que *quand une certaine condi-*
» *tion stipulée vient à manquer, le Roi ne*
» *peut pas vouloir.* »

Même dans les monarchies les plus absolues, les souverains ne doivent travailler
qu'au bonheur de leurs sujets; leur but est
donc le même que dans les monarchies limitées, seulement le mode employé pour y
parvenir est différent : plus exposé à le manquer avec les meilleures intentions, un monarque absolu peut nuire à son peuple, faute
d'être assez éclairé; et étant dispensé de
puiser des lumières ailleurs que dans sa propre intelligence, il croira souvent mal-à-pro-

pos qu'elle lui suffit : au lieu que, dans une monarchie limitée, le souverain étant obligé de consulter son Conseil, il est, comme le disent souvent nos Rois eux-mêmes, dans une heureuse impuissance de violer les lois et de porter préjudice à ses sujets. Cette doctrine n'est en substance que celle de Fleischer, Vitriarius, Gribner, et des plus célèbres publicistes (1).

Il en résulte de plus graves conséquences encore, c'est le moment de les exposer.

Les souverains ne se sont pas contentés de reconnaître que les réglemens particuliers qu'ils pouvaient faire ne devaient pas anéantir les lois générales, ils ont même expressément défendu d'y obéir en ce qu'ils y avaient de contraire.

Justinien veut que tout juge prononce

---

(1) *Fleisch.*, *Instit. jur. nat. et gent.*, l. 3, c. 17, § 3, 8, 9. *Gribn.*, *Princip. jurisp. nat.*, l. 2, c. 7, § 2; c. 8, § 1, 2, 3. *Vitriar.*, *Inst. jur. nat. et gent.*, l. 1, c. 3, § 45.

suivant les lois, et qu'il ne s'en écarte pas, malgré tous les rescrits impériaux qui pourraient lui être présentés; car, dit-il, nous ne voulons rien que ce que les lois veulent (1).

Il défend ailleurs aux juges d'avoir aucun égard aux rescrits qui leur prescriraient une marche particulière *dans l'instruction des procès civils ou criminels;* il leur ordonne de s'attacher inviolablement à la disposition des lois générales; il les punit même d'une amende, et leur déclare qu'ils encourront son indignation s'ils ont obéi à ses ordres particuliers préférablement aux lois générales; il prononce enfin la nullité de leur sentence, comme étant de plein droit, et sans qu'il soit besoin d'en appeler (2).

L'empereur Alexandre avait été institué dans un testament imparfait, il avait là un avantage particulier : il déclare qu'il ne

---

(1) *Nov.* 82, c. 13.
(2) *Nov.* 113, c. 1 et 2.

peut pas recueillir la succession, parce que les lois annullent ce testament, et que quoiqu'elles dégagent le souverain de la rigueur des formes, rien ne doit lui être plus cher que l'observation des lois (1).

Cependant le cas était ici bien plus favorable : si l'empereur eût confirmé le testament, il eût été d'accord avec le testateur, qui n'avait pas voulu donner à d'autres qu'à lui, et qui était le maître de disposer de sa propriété en faveur de qui il lui plairait : il n'y aurait donc pas eu d'injustice envers celui qui en était privé; mais les lois déclaraient nul ce testament, les tribunaux l'auraient jugé si un particulier y eût été institué; le prince, quoique dispensé des formes par les lois même, et par conséquent autorisé à retenir la succession, a voulu donner à ses sujets l'exemple d'une obéissance entière aux lois.

Mêmes principes professés par Dioclétien

---

(1) L. 3, c. *de Testam.*

et Maximien, quelque barbare que fût d'ailleurs le second de ces princes (1).

Constantin, Théodose et Valentinien les reproduisent (2).

Et la raison de cela est sensible : le souverain ayant fait des lois générales, il a voulu qu'elles fussent la règle de tous ses sujets ; il doit avoir leur bonheur en vue : *leur intérêt et le sien sont inséparables.*

Si donc, dans certains cas, il donne des ordres contraires aux lois générales, et s'il en résulte préjudice pour un tiers, ces ordres ne sont pas les effets de sa volonté réfléchie, ils ne sont que ceux de la surprise ; s'il accorde seulement à quelqu'un une faveur dont il est indigne et dont les lois veulent qu'il soit privé, ils ont été arrachés par l'importunité.

Si de tels ordres suffisaient pour arrêter

---

(1) L. 12, c. *De rei vind.*; l. 3, c. *Undè vi.*; l. 10, c. *de Testam.*

(2) L. 3, c. *Sent. resc. non poss.*; l. 10, c. *De sacr.- sanct. eccl.*

l'exécution des lois, elles seraient presque journellement éludées, les rois ayant si peu de moyens de connaître la vérité par eux-mêmes, et étant environnés de tant de gens intéressés à la leur cacher : on ne peut prévenir ce malheur qu'en obligeant les juges à exécuter scrupuleusement les lois, sans examiner ce que le souverain peut, dans un cas particulier, avoir dit ou fait de contraire.

Voyons maintenant si, en France, on a pensé autrement qu'à Rome et à Constantinople sous les empereurs payens et chrétiens.

Oui, du temps des premiers rois, dit Montesquieu, et c'est assurément un suffrage bien respectable; mais celui de la vérité l'est plus encore : examinons si elle est pour lui.

Il cite les Préceptions, et prétend que c'étaient des ordres adressés aux juges pour qu'ils eussent à souffrir ou à faire des choses contraires à la loi.

Or, en 560, Clotaire I$^{er}$. déclare nul tout jugement qui blesserait la loi ou l'équité, et ordonne aux juges de rejeter comme *nuls et inutiles tous rescrits contraires* qui pourraient être surpris à l'autorité royale (1).

Quelques siècles après, et en 844, Charles-le-Chauve s'élève contre ceux qui lui surprenaient des ordres contraires à la justice, et il recommande aux juges de ne pas y déférer.

Sous la troisième race, Philippe-le-Bel, tout impérieux qu'il était, défend à ses juges d'obéir aux lettres qu'on surprenait de sa religion, et leur ordonne de les déclarer nulles ou subreptices.

Charles-le-Sage s'exprime de même en 1370.

Charles VI va plus loin, il défend à son chancelier de sceller aucunes lettres qui lui sembleront iniques ou tortionnaires et obtenues par importunité ou inadvertance, quand même on lui présenterait des lettres de commandement pour l'obliger à les sceller (2). On se rappelle sans doute, à

---

(1) *Capit. Baluz.*, t. 1, col. 7, art. 9.
(2) *Ord.* de 1413, art. 216.

cet égard, le trait du chancelier Voisin.

Les ordonnances du 28 octobre 1446, par Charles VII; de 1535, par François I$^{er}$.; de juin 1609, sous Henri IV; de juillet 1627, sous Louis XIII, et divers édits de Louis XIV, partent des mêmes bases.

Cela explique pourquoi les Parlemens ont tant de fois refusé d'enregistrer les ordonnances, et pourquoi les lettres de commandement ou de jussion n'ont le plus souvent produit qu'un effet momentané.

Les ordonnances étaient alors générales, elles étaient de véritables lois; mais, pour éviter l'abus, elles n'étaient rien sans le concours du Parlement : Ferrière les définit des *lois et constitutions générales* que le Roi fait publier dans son royaume, et qui obligent tous ses sujets : «Les ordonnances, ajoute-t-il,
» sont les vraies lois du royaume ; elles sont
» la partie la plus générale et la plus cer-
» taine de notre Droit français..... Comme
» les ordonnances sont les lois générales du
» royaume, tous les magistrats, tous les
» juges...... sont obligés de les observer

» exactement; la raison est qu'ils dépendent
» tous du prince, et de l'autorité de la loi,
» qui émane de lui. »

Maintenant les ordonnances ne sont plus des lois : en effet, l'art. 14 de la Charte porte que le Roi fait les réglemens et ordonnances nécessaires *pour l'exécution des lois* et la sûreté de l'État. Les art. 16, 18 et 21 ne font plus résulter les lois que de la discussion du projet présenté par le Roi à la Chambre des Pairs et à celle des Députés, et de la sanction qu'il lui donne lorsqu'il est adopté.

Le Roi se borne donc d'abord à proposer la loi, et ce n'est qu'après son adoption par les deux Chambres qu'il la sanctionne; il coopère donc encore au pouvoir législatif, mais ce pouvoir ne réside plus en lui seul.

Au contraire, puisque les ordonnances ne sont plus que pour l'exécution des lois, elles en présupposent l'existence : elles déterminent le mode de cette exécution, et le Roi peut les rendre seul, comme chef suprême du pouvoir exécutif.

Donc les ordonnances et les lois sont distinctes.

Donc les ordonnances ne peuvent pas être contraires aux lois, et si elles le sont, elles doivent subir le même sort que les rescrits et ordres particuliers de toute nature, et aucun juge ne peut y avoir égard.

Bien moins encore s'il s'agissait d'en faire la base de condamnations à des peines criminelles ou seulement correctionnelles. On a vu que de tout temps il a été défendu aux juges d'avoir égard aux ordres particuliers qu'ils recevraient du Roi sur le fait de justice; et, pour l'observer en passant, puisque les lois ne sont obligatoires que tout autant qu'elles sont promulguées, d'après l'art. 1er. du Code civil ; que, d'après l'art. 1er. de l'ordonnance du 27 novembre 1816, la promulgation des lois et ordonnances résulte de leur insertion au *Bulletin* officiel ; que deux arrêts de la Cour de Cassation ont décidé, l'un le 7 août 1807, en cassant, l'autre le 27 novembre 1812, en rejetant, qu'une loi, quoique connue, n'est pas obligatoire si elle n'a pas été promulguée ; il doit à plus forte raison en être de même pour les ordonnances : autrement elles seraient, par le fait, supérieures aux lois.

Cette réflexion, que suggère la décision récemment émanée d'un tribunal de la Capitale, et qu'on prétend avoir été basée sur une ordonnance non promulguée, est de la plus haute importance dans un temps où l'on essaie sans cesse de remplacer les lois par les ordonnances, et où l'on propose même d'user de ce dernier mode pour rétablir une Société abolie dans toute la Chrétienté : s'il en était ainsi, les lois deviendraient inutiles.

Des principes ci-dessus développés il suit bien, 1°. que le Roi ne peut pas faire d'ordonnance contraire à la loi, ni même qui supplée à ce que la loi seule doit régler, et par conséquent 2°. que le ministre est blâmable s'il l'induit à la proposer.

Mais il n'en résulte pas que les Chambres elles-mêmes ne puissent pas abroger en tout ou en partie une loi fondamentale, aussi bien qu'une loi d'un ordre secondaire.

On peut donc objecter que ce que le Roi ne peut pas faire seul, il le peut avec le concours des Chambres : or, que c'est précisément ce qu'il veut faire ici, puisqu'il s'y agit non d'une ordonnance, mais d'un véritable projet de loi : c'est ce qui amène l'examen de la deuxième question.

§ II. *Une loi fondamentale peut-elle, comme une loi secondaire, soit civile, soit politique, être abrogée en tout ou en partie par le pouvoir législatif ordinaire ?*

Ici j'ai besoin de courage : des malveillans essaieront peut-être d'incriminer ma théorie ; mais je me repose sur la pureté de mes intentions, et sur les autorités que j'ai à invoquer ; et quoique tenté de m'écrier avec un ancien :

> *Incedo per ignes*
> *Suppositos cineri doloso,*

j'ose fournir la carrière que j'ai embrassée,

mon devoir me le prescrit, tout doit céder à cette considération.

Avant la révolution, la France était une monarchie absolue quant au pouvoir législatif; il était exercé par le Roi dans toute son étendue, sauf que, pour en éviter les abus, on exigeait la vérification préalable des Parlemens.

Or, à cette époque même où le Roi était la loi vivante, suivant la sublime expression d'un Empereur romain, on ne reconnaissait pour sa volonté que celle qui était exprimée dans les formes légales, et nos souverains eux-mêmes avaient défendu qu'on exécutât celles de leurs décisions qui n'en seraient pas revêtues : nous venons de le voir.

Quelle en était la cause? La voici : qu'on se souvienne seulement, par le nombre et le poids des auteurs qui ont enseigné cette doctrine, qu'elle est compatible avec le respect et la fidélité que tout sujet doit à son souverain, et qu'elle ne doit pas être confondue avec le système de la souveraineté du peuple, que j'ai toujours rejeté.

Les rois sont pour les peuples, et non les peuples pour les rois.

Cette vérité, dont découlent toutes les autres en politique, est prouvée par les philosophes, les jurisconsultes et les publicistes, les théologiens, les Pères de l'Église, et les monarques eux-mêmes : les passages que j'ai déjà cités la font pressentir; ceux qui suivent vont la porter au dernier degré d'évidence.

1°. Les philosophes.

Point de pasteur sans ouailles, point de roi sans états. L'autorité du Gouvernement suppose des hommes à gouverner, et le but du Gouvernement est la tranquillité publique, le bonheur de la société.

Le prince est un tuteur, son administration ne doit tendre qu'à l'avantage de ceux qui lui sont commis (1). Le monarque et le sujet ne sont qu'un tout dont les parties sont indivisibles. L'avantage particulier du

---

(1) *Cic.*, *de Offic.*, l. 1, c. 25; *Epist. ad Q. fr.*, l. 1.

chef ne peut se concevoir sans celui du corps entier (1). L'instant qui élève les rois sur le trône les dévoue à l'oubli d'eux-mêmes, pour ne plus les laisser penser qu'à la charge qui en est indivisible (2).

Tel est le langage des anciens les plus illustres, passons aux modernes.

Un roi, en tant que roi, n'a rien proprement sien, parce que la juridiction ne se donne point en faveur du juridicant, mais en faveur du juridicié : c'est l'observation du sceptique Montaigne, chez lequel on retrouve trop souvent des maximes dangereuses pour les mœurs et la religion à côté de plusieurs autres aussi utiles que judicieuses : la force et la manière originale avec laquelle il les présente ont rendu son ouvrage précieux, malgré le désordre qui y règne par-tout, et la négligence quelquefois excessive du style.

---

(1) *Plin., Paneg. traj.*, p. 208.
(2) *Senec, de Clem.*, l. 1, c. 18, et l. 10.

Un autre grand peintre, auquel on n'a pas les mêmes défauts à reprocher, le sage La Bruyère, trace en ces mots le portrait d'un bon roi (1) : « Nommer un roi père du peu-
» ple, c'est moins faire son éloge que l'ap-
» peler par son nom, ou faire sa définition....
» Le berger soigneux et attentif est debout
» auprès de ses brebis, il ne les perd pas de
» vue;..... il les nourrit, il les défend. L'au-
» rore le trouve déjà en pleine campagne,
» d'où il ne se retire qu'avec le soleil..... Le
» troupeau est-il fait pour le berger, ou le
berger pour le troupeau ? Image naïve des
» peuples et du prince qui les gouverne, s'il
» est bon prince. »

C'est précisément sous cette image que les plus anciens auteurs se sont attachés à nous présenter les rois; on la retrouve dans le plus grand des poëtes, dans Homère, qui florissait vers l'an 980 avant J.-C. Il appelle les

---

(1) *Caract.*, *ch. Du souverain ou de la répub.*, t. 2, p. 47 et 48.

rois ποιμηνές, pasteurs des peuples ; ce qui est d'autant plus remarquable, que le mot ποιμην désigne proprement un pasteur de brebis, et qu'il aurait pu employer à la place celui de νομευς : mais, dans le fait, les premiers rois étaient aussi bergers, c'est-à-dire qu'ils avaient de nombreux troupeaux, que l'on gardait pour eux. En faisant l'énumération des princes qui allèrent au siége de Troie, l'*Iliade* y comprend Podarcès, qu'elle qualifie de riche en troupeaux et roi de Phylacé. On voit, dans l'Écriture, qu'à une époque beaucoup plus reculée, puisqu'elle remonte à environ dix-neuf cents ans avant J.-C., les pasteurs des troupeaux d'Abimélech, roi de Gerare, dont j'ai parlé plus haut, cherchèrent à nuire à ceux des troupeaux d'Isaac (1).

« Les lois (dit le vertueux Fénélon dans son *Télémaque*, et en faisant donner au duc de Bourgogne, son élève, des leçons

---

(1) *Genès.*, c. 26.

indirectes par la bouche de Mentor), les
» lois confient au souverain les peuples
» comme le plus précieux de tous les dépôts,
» *à condition qu'il sera le père de ses sujets.*
» Elles veulent qu'un seul homme serve,
» par sa sagesse et sa modération, à la féli-
» cité de tant d'hommes, et non pas que tant
» d'hommes servent, par leur misère et par
» leur servitude lâche, à flatter l'orgueil et
» la mollesse d'un seul homme..... Ce n'est
» point pour lui-même que les Dieux l'ont
» fait roi; il ne l'est que pour être l'homme
» des peuples : c'est aux peuples qu'il doit
» tout son temps, tous ses soins, toutes ses
» affections, et il n'est digne de la royauté
» qu'autant qu'il s'oublie lui-même pour se
» sacrifier au bien public. »

2°. Les jurisconsultes et les publicistes.

Le caractère et les effets du Gouvernement doivent répondre au motif de son institution, observe Domat (1), et par consé-

_____

(1) *Du Dr. pub.*, l. 1, tit. 2, sect. 3, n. 3.

quent le souverain doit se considérer comme père du peuple qui compose le corps dont il est le chef.

La première règle que le monarque consulte, c'est, remarque Heineccius (1), l'intérêt et la sûreté des peuples.

Boehmer (2) veut que ce soit la loi naturelle qui lie le prince au soin de la chose publique, et qui l'oblige de s'occuper du bien commun *par préférence à ce qui peut personnellement l'intéresser*.

« La fin du royaume et de l'empire est » l'utilité et le salut des sujets; aussi *le* » *royaume n'est pour le profit des rois, mais* » *de leurs sujets*. » Voilà comment s'exprimait Grimaudet, avocat du roi, à Angers, et il ne craignait pas en cela de déplaire au monarque.

M. de Belloy, avocat-général au Parlement de Toulouse, parle plus énergiquement en-

---

(1) *Elem. Jur. nat. et gent.*, l. 2, § 122.
(2) *Introd. ad Jus pub. univ.*, p. 286.

core : « Les princes qui deviennent rois, dit-
» il, se font incontinent publics, se vouent,
» se consacrent et se jettent entièrement ès
» bras de la chose publique, ne sont plus à
» eux-mêmes, pour du tout et en tout se
» donner au public. »

Lebret pense (1) qu'on ne saurait trop insister sur cette grande vérité, que l'autorité souveraine se doit proposer pour sa *fin principale* de procurer *par toutes sortes de moyens* le bien de ses sujets.

Burlamaqui le répète (2), et ajoute : « Le
» bien du peuple doit toujours être pour lui
» (pour le roi) la souveraine loi : cette
» maxime doit être le principal but de tou-
» tes ses actions. On ne lui a confié l'auto-
» rité souveraine que dans cette vue, et *son
» exécution est le fondement de son droit et
» de son pouvoir.* »

---

(1) *Tr. de la Souver.*, l. 1, c. 1.
(2) *Princip. du Dr. polit.*, part. 2, c. 7, n. 17, 18, 23.

Ce n'est pas qu'il entende par là que si le roi se conduit autrement, on puisse lui ôter son autorité; il est, comme Strickius, l'ennemi de la résistance active; il veut dire seulement que le roi s'y expose, quoiqu'il blâme la conduite des sujets qui se la permettraient : on verra bientôt qu'il n'a fait que copier Bossuet et imiter Fénélon.

3º. Les Pères de l'Église et les théologiens.

Tertullien, dans son *Apologétique*, chef-d'œuvre d'éloquence et d'érudition, adressé à l'empereur Sévère, lui rappelle qu'en montant sur le trône il est devenu le père de ses sujets, et qu'il doit en avoir les sentimens.

Saint Irénée (1) enseigne que c'est pour le bien des peuples que le Gouvernement a été établi, et que ceux qui en sont chargés rendront compte à Dieu de tout ce qu'ils auront fait arbitrairement et contre la loi.

Le plus éloquent des Pères, saint Chrisostôme, regardé comme le Cicéron de l'Église

---

(1) *Adv. hæres.*, l. 5, c. 24.

grecque, pour la richesse et la facilité de ses expressions, la hardiesse de ses figures, la force de son raisonnement et l'élévation de ses pensées, allait plus loin encore : il concluait de ces paroles de J.-C. : *Le bon pasteur donne sa vie pour ses brebis*, qu'il est du devoir d'un prince de sacrifier la sienne pour ses sujets (1).

Saint Augustin, dans le plus savant de ses ouvrages, professe la même doctrine (2).

Bossuet ne pouvait pas s'énoncer autrement que ces Pères, dont il était en tout le fidèle imitateur : « Puissent les princes, s'é-
» crie-t-il (3), entendre que leur vraie gloire
» est de n'être pas pour eux-mêmes !............
» C'est un droit royal de pourvoir aux be-
» soins du peuple, *c'est pour cela que la*
» *royauté est établie ; et l'obligation d'avoir*
» *soin des peuples est le fondement de tous*

---

(1) *Hom. de cruce et latr.*, t. 2, n. 1.
(2) *De civ. Dei*, l. 5, c. 24.
(3) *Polit. sacr.*, l. 3, art. 3, prop. 1, 2, 3.

» *les droits que les souverains ont sur leurs*
» *sujets........* On a fait les rois sur le modèle
» des pères, et Dieu, qui a formé tous les
» hommes d'une même terre pour le corps,
» et a mis également dans leur âme son
» image et sa ressemblance, n'a pas établi
» entre eux tant de distinction pour faire
» d'un côté des orgueilleux, de l'autre des
» esclaves et des misérables....... Il n'a donné
» sa puissance aux rois que pour procurer
» le bien public, et pour être le support du
» peuple. »

« Savez-vous (disait son rival de gloire et
de vertu en parlant à son élève), savez-vous
» ce que c'est que l'anarchie,..... que la puis-
» sance arbitraire, et...... que la royauté ré-
» glée par les lois, milieu entre ces deux
» extrémités? Le bien des peuples ne doit
» être employé qu'à la vraie utilité des peu-
» ples mêmes. Toutes les Nations ne sont
» que les différentes familles d'une même ré-
» publique, dont Dieu est le père commun.
» La loi naturelle et universelle........ est de
» préférer le bien public à l'intérêt particu-

» lier.......' Cette loi est antérieure à tout con-
» trat, elle est fondée sur la nature même;
» elle est la source et la règle sûre de toutes
» les autres lois. Celui qui gouverne doit être
» le premier et le plus obéissant à cette loi
» primitive; il peut tout sur les peuples,
» mais *cette loi doit pouvoir tout sur lui*: ce
» n'est point pour lui-même que Dieu l'a
» fait roi, *il ne l'est que pour être l'homme*
» *de ses peuples;* et il n'est digne de la royauté
» qu'autant qu'il s'oublie lui-même pour le
» bien public (1).

» Avez-vous, dit-il encore (2), travaillé à
» vous instruire des lois, coutumes et usages
» du royaume? Le Roi est le premier juge
» de son État:.... c'est lui qui doit redresser
» tous les autres juges, c'est *sa fonction na-*
» *turelle, essentielle, ordinaire.* Avez-vous
» étudié les lois fondamentales (remarquons
bien cette phrase, elle établit leur exis-

---

(1) *Direct. pour la consc. d'un roi.*
(2) *Ibid.* 2, p. 4; *dir.* 70.

tence)? *Avez-vous cherché à connaître*, sans
» vous flatter, *quelles sont les bornes de votre*
» *autorité ? Commencerez-vous par violer*
» *votre titre fondamental ? Ils* (les peuples) *ne*
» *vous doivent l'obéissance que suivant ce*
» *contrat*, et, si vous le violez, vous ne mé-
» ritez plus qu'ils l'observent. »

On ne se serait probablement pas douté qu'un langage dont on a fait un crime à J.-J. Rousseau et aux écrivains de son temps, et dont il faut même avouer qu'on a beaucoup abusé, se trouve dans les hommes les plus modérés et les plus respectables du grand siècle.

Nicole, dans ses *Essais de morale*, et Duguet, dans ses *Institutions d'un prince*, enfin tous les moralistes et théologiens se sont exprimés de même.

Les plus estimés du siècle de Louis XV n'ont pas pensé autrement : « Un grand
» prince (dit avec une liberté apostolique, et en parlant au Roi même, le doux et tendre Massillon), un grand prince n'est
» pas né pour lui seul; il se doit à ses su-

» jets;...... en un mot, *comme la première
» source de leur autorité vient de nous, les
» rois n'en doivent faire usage que pour
» nous* (1). »

Qu'il y a loin de ces paroles courageuses à celles de ce méprisable courtisan, de ce maréchal de Villeroi, qui disait un jour au même prince, dont pourtant il était gouverneur: « Voyez, mon maître, voyez ce peuple: » eh bien! tout cela est à vous, tout vous » appartient, vous en êtes le maître! »

3°. Enfin les souverains eux-mêmes ont tenu le langage des philosophes.

Marc-Aurèle, le plus grand peut-être de tous ceux qui ont existé, veut que le prince soit intimement persuadé que, par sa qualité, il est né pour les autres, et que les autres ne sont pas nés pour lui : tels sont les conseils qu'il s'adresse à lui-même, dans son livre des *Réflexions* τα εις εαυτον.

Justinien les a insérées en substance jusque dans ses lois; il veut que l'intérêt public

---

(1) *Pet. car., Serm. du dim. des Ram.*

soit préféré à celui du fisc, ou plutôt il regarde l'avantage de ses sujets comme le sien propre (1).

Les *Capitulaires* sont pleins de textes où nos rois regardent leur autorité comme un ministère qui leur a été confié pour le bien des peuples; indépendamment de celui de Louis-le-Débonnaire, de l'an 823, on peut citer les *Ordonnances du Louvre*, où Philippe-Auguste dit, dans son testament, qui y est rapporté, qu'un roi doit, de toute manière, pourvoir à l'avantage de ses sujets, et le préférer au sien propre : *Officium regium est omnibus providere, et suæ utilitati privatæ publicam anteferre* (2).

Si donc le projet de loi sur la presse était nuisible à la nation, le Roi ne devrait pas le proposer, et les Chambres, en supposant qu'il fût proposé, ne devraient pas l'admettre, quand même il ne renverserait pas

---

(1) L. 1, c. *De cad. toll.*, nov. 161, c. 1.
(2) *Baluz.*, cap., t. 1, col. 633 et 636; *Ord. du Louvre*, t. 1, p. 19.

une loi fondamentale, mais seulement une loi du deuxième ordre.

Le Roi, qui est au-dessus des Chambres, puisqu'il les convoque et les dissout à volonté, ainsi qu'en Angleterre, a renoncé à exercer seul le pouvoir législatif pour les cas ordinaires; quant au pouvoir judiciaire, il ne l'a jamais exercé dans ces cas.

Mais cela n'empêche pas que, pour les cas extraordinaires, et qui n'ont pas été prévus par la loi, il ne puisse statuer judiciairement; ce que les Chambres ne peuvent jamais faire qu'en vertu d'une commission expresse qu'elles reçoivent de lui.

En effet, le chef de l'État, comme législateur provisoire dans les monarchies constitutionnelles, telle qu'est aujourd'hui la France, ou comme loi vivante, dans les monarchies absolues quant au pouvoir législatif, quoique limitées sous d'autres rapports, telle que la France était autrefois, a droit de prononcer lui-même dans les cas non prévus par les lois.

Deux avis du Conseil d'État, des 4 juillet

1813 et 1<sup>er</sup>. mars 1814, avaient consacré cette doctrine dans l'affaire des sieurs Bertau et Bruher, condamnés par des conseils de guerre spéciaux composés de juges qui n'avaient pas le grade requis par la loi, et qui, de plus, étaient ennemis personnels des accusés.

Le premier avis est fondé, entre autres motifs, sur ce que le droit de surveiller l'exécution des lois, et de réprimer les infractions qui y sont faites, est inhérent à la souveraineté et ne peut jamais cesser d'exister; qu'ainsi, dans le cas où le Prince n'en a pas délégué l'exercice, il est censé se l'être réservé à lui-même.

Ces sages principes ont dicté aussi le second avis.

La Charte les adopte; car elle déclare, art. 57, que toute justice émane du Roi.

En conséquence, le Roi a annulé, par son ordonnance du 13 novembre 1816, les jugemens rendus pendant les cent jours, comme rendus au nom d'un pouvoir illégitime, et, par suite, en opposition aux *principes fondamentaux de la monarchie.*

Déjà, le 6 septembre 1814, il avait annulé de même, dans son Conseil, le sénatus-consulte du 28 août 1813, qui avait ordonné de juger de nouveau des citoyens acquittés par jugement régulier, dans la célèbre affaire d'Anvers.

Le sénatus-consulte annulé était fondé, il est vrai, sur ce que le jugement d'Anvers était contraire à la sûreté de l'État, et que la loi du 15 thermidor an 10 l'autorisait, dans ce cas, à en prononcer la nullité.

Il est vrai aussi que cette loi était juste et politique. Tout est subordonné au salut public : il fut toujours la suprême loi, parce que les hommes ne se sont réunis en société que pour se préserver plus sûrement des maux qui les menaceraient s'ils vivaient dispersés. Un jugement n'est qu'un acte particulier concernant un ou plusieurs individus de la société; celui donc qui, pour les favoriser, compromettrait la masse entière, irait directement contre le but qu'il doit se proposer, et pour lequel, seul, les magistrats ont reçu leur pouvoir.

Mais était-il également certain, en fait, que l'arrêt d'Anvers fût contraire à la sûreté de l'État?

Non certes; il acquittait des individus accusés d'un crime et même coupables, si l'on veut. Qui a le droit de condamner a, par cela même, le droit d'absoudre; l'un est le corrélatif de l'autre. Annuler ce jugement, c'était dire qu'on n'avait poursuivi en justice que pour faire un instrument passif de ceux qui devaient prononcer; c'était leur dire : « Vous serez libres, en apparence, de donner votre suffrage pour l'absolution ou la condamnation; mais en résultat je vous ordonne de condamner. »

C'est, au contraire, en admettant cet affreux système, que la société serait ébranlée jusque dans ses fondemens; il n'existerait plus aucune garantie de la foi publique; et quel est l'homme estimable qui, à une proposition aussi déshonorante pour lui, aussi désastreuse pour ses concitoyens, en un mot digne de Néron, n'aurait pas répondu comme un nouvel Helvidius Priscus : « Il vous est libre de ne pas m'appeler à la délibération que vous souhaitez; mais si vous voulez que j'y assiste, n'espérez point m'empêcher de parler suivant ma pensée? »

L'autorité du Roi est si étendue, qu'aux termes de l'art. 5, tit. 5 du Réglement organique de la Charte, en date du 13 avril 1814, les deux Chambres ne peuvent jamais se réunir, et que toute délibération à laquelle un membre d'une autre Chambre aurait concouru est nulle de plein droit.

Il est clair que le Roi seul constate et prononce cette nullité; et, par conséquent, pouvant anéantir la délibération des deux Chambres, quoiqu'elles exercent le pouvoir législatif conjointement avec lui, il peut, à plus forte raison, anéantir les décisions du pouvoir judiciaire.

Il statue en Conseil d'État quand il s'agit de droits privés lésés, et pour lesquels il n'existe, en faveur de la partie plaignante, aucun autre recours.

Ce conseil annulerait, au besoin, les arrêts même de la Cour de Cassation, comme il le fit, le 11 mai 1807, dans l'affaire Boutin-Saint-Ange, sur le conflit élevé par le préfet du Gard.

Le 24 juin 1808, il prononça encore, et sans même qu'il y eût de conflit, la nullité de quatre arrêts de la Cour de Cassation, rendus en matière de féodalité pour le pays de Porentrui, en ce que ces arrêts avaient décidé une question de compétence administrative.

Il le pouvait sans usurpation de pouvoir, et l'on s'en convaincra aisément pour peu que l'on réfléchisse sur la nature de celui des tribunaux.

Il ne leur est que délégué; ils ne peuvent donc point passer les bornes qu'y a mises celui qui le leur délègue; ils sont ses mandataires, et il a toujours été de principe que tout ce qui est fait hors des termes du mandat est nul.

Le Souverain est le mandant, c'est en lui que réside pleinement le pouvoir : il se réserve donc tout ce qu'il ne délègue pas; et si ses mandataires tentent de disposer de ce qu'il s'est réservé, c'est un empiétement manifeste sur son autorité : il le réprime par lui-même s'il n'a pas établi, pour cette répression, d'autres pouvoirs intermédiaires.

On peut opposer à cette doctrine celle de Montesquieu et de Jean-Jacques Rousseau, qui ont dit que pour qu'un Gouvernement ne fût pas despotique, il fallait que les trois pouvoirs, exécutif, législatif et judiciaire, fussent en équilibre, et, pour cela, ne reposassent pas sur la même tête.

Mais 1°. ils parlent des trois pouvoirs réunis sur la même tête, et, à cet égard, je suis d'accord avec eux ;

2°. S'ils entendent que de ces trois pouvoirs le législatif ne peut pas être joint à l'un des deux autres sans modification, je l'avoue encore, et j'ai remarqué que si, avant la révolution, le Roi était seul législateur en France, quoiqu'il y exerçât aussi le pouvoir exécutif, les lois n'étaient exécutoires qu'avec l'autorisation des Parlemens; ce qui empêchait le Gouvernement de dégénérer en despotisme;

3°. Enfin, s'ils entendent que le pouvoir judiciaire ne peut pas non plus être confié à celui qui a le pouvoir exécutif, je ne peux adopter leur sentiment à cet égard, et voici pourquoi :

En premier lieu, le pouvoir législatif est entièrement étranger aux deux autres; il n'est donc pas étonnant qu'il ne réside pas sur la même tête.

Le pouvoir judiciaire, au contraire, est une branche du pouvoir exécutif : celui qui est investi du second pourrait donc aussi l'être du premier; mais on ne pourrait pas dire, de même, que celui qui aurait le pouvoir judiciaire dût être investi du pouvoir exécutif : c'est que le pouvoir exécutif n'est pas une branche du pouvoir judiciaire; en un mot, le pouvoir exécutif est le genre; le pouvoir judiciaire, l'espèce; et s'il est de principe que *specialia generalibus insunt*, la règle n'est pas réciproque.

Que dans les cas ordinaires le Souverain ne juge pas, cela se conçoit ; mais ce n'est pas qu'il soit privé de ce droit, c'est qu'il ne pourrait guère l'exercer sans nuire aux grands intérêts de l'État, desquels il doit principalement s'occuper.

En second lieu, de tous les temps et chez tous les peuples, le droit de juger a été regardé, sur-tout dans la haute antiquité, comme l'un des principaux attributs de la majesté souveraine, il était joint à celui de commander les armées; le chef de la nation les exerçait tous les deux en personne (1).

Si les rênes de l'État étaient confiées à plusieurs mains, c'était aussi en elles que résidait le droit d'administrer la justice: telle est l'idée que l'histoire nous donne des princes et juges d'Israël, des rois de Sparte, des consuls de Rome et des suffètes de Carthage. Pour ces derniers, le mot même emporte cette signification, car suffète vient évidemment de *sophetim*, juges, שרפטים; et sans remonter à des époques aussi reculées, qui ne se souvient avec attendrissement du

---

(1) *I Reg.*, c. 8, v. 20; *Herodot.*, l. 1, n. 97; *Tacit. de Mor. Germ.*

chêne de Vincennes, au pied duquel celui de nos monarques qui s'est acquis dans le ciel une couronne impérissable ne dédaignait pas de s'asseoir, pour écouter et décider par lui-même les différends de ses sujets?

Dans nos temps modernes, cet exemple a trouvé peu d'imitateurs; s'il était commun chez les anciens, c'est que les royaumes étaient alors peu étendus: la plupart consistaient en une seule ville, et l'on sent que, dans de telles conjonctures, il n'était pas fort difficile d'administrer par soi-même, et de juger les procès des particuliers; aussi était-ce un usage constant (1).

Quoique le Roi puisse juger, que, suivant la pensée de Fénélon, ce soit même sa fonction principale, et qu'il l'exerce dans les cas non prévus par les lois, cela ne peut pas s'appliquer au pouvoir législatif : en réalité, le Roi ne l'a jamais exercé seul en

---

(1) *Plat. in Crit.*, p. 1103, 1104; *Diod.*, l. 5, p. 383, 386; *Justin.*, l. 1, c. 1.

France, quoiqu'il passât autrefois pour suprême et même unique législateur; car ses ordonnances, qui étaient les véritables lois du royaume, n'avaient, comme on l'a vu, de force qu'autant qu'elles étaient enregistrées aux différens Parlemens, et étaient comme non avenues dans le ressort de ceux qui refusaient de les enregistrer.

Que ces Cours souveraines n'aient pas toujours eu le droit d'enregistrement, c'est un point hors de toute controverse; les monumens de notre histoire en fournissent de nombreux exemples.

Mais lorsque les Parlemens n'usaient pas encore de ce privilége, c'est que les lois étaient faites, dans l'origine, par le peuple en masse, assemblé dans les Champs de mai et de mars, et postérieurement par les États-Généraux, qui représentaient le peuple; car jamais en France le gouvernement n'a été despotique. Quand ces États cessèrent d'être convoqués, c'est-à-dire sous Charles VI, et pendant les troubles qu'excitèrent diverses factions, il fallut bien y suppléer, et c'est alors que le Parlement de Paris s'attribua le droit d'enregistrer les lois avant qu'elles fussent obligatoires, en quoi il fut bientôt imité par les autres Parlemens, chacun dans son ressort.

Cela gênait, il est vrai, l'autorité royale, mais moins pourtant que ne le faisaient auparavant le corps entier de la nation, et ensuite les États-Généraux, qui la représentaient; aussi les Rois reconnurent-ils aux Parlemens ce droit, et depuis lors il était passé en loi fondamentale que l'enregistrement était indispensable pour l'exécution des ordonnances.

C'est même sur ce motif que s'appuya le président Duferrier, envoyé à Rome par Charles IX pour y représenter au Pape l'invalidité du concordat passé entre François I$^{er}$. et Léon X; il observa que ce concordat n'avait pas été enregistré, qu'il n'avait donc point force de loi, parce qu'il était de maxime inviolable, dans le royaume, que rien n'y avait force de loi qu'il n'eût été vérifié au Parlement : *Nec esse existiman-*

*dum de more recepta et publicata concordata*, nam MORIBUS NOSTRIS, *et regum christianissimorum* ANTIQUIS CONSTITUTIONIBUS IN HUNC USQUE DIEM RELIGIOSÈ OBSERVATIS, *nihil in Galliâ publicè*, QUOD AD SACRAS VEL HUMANAS RES PERTINEAT, *pro lege statuitur, quod non sit Parlamenti arresto publicandum.*

On voit donc que *l'enregistrement était nécessaire* non-seulement *pour les lois* qui traitaient des choses profanes, mais encore pour celles *qui traitaient des choses sacrées*, et que *cette règle avait été constamment observée.*

Elle cessa de l'être lorsque le Roi eut cessé d'être législateur. Dès cette époque, les Parlemens furent obligés de faire transcrire sur leurs registres les lois qui leur furent envoyées : c'est ce que décida l'Assemblée constituante, le 5 novembre 1789, en déclarant coupable de forfaiture, et ordonnant de poursuivre pour ce crime toute Cour qui, dans le délai fixé, n'aurait pas fait transcrire sur ses registres les lois qu'auraient rendues les représentans de la Nation, et que le Roi leur aurait envoyées revêtues de sa sanction.

La chose était alors toute simple, les Parlemens ne s'étaient arrogé le droit d'enregistrement que parce que les Etats-Généraux ne l'exerçaient plus, et que ces États, qui ne l'avaient perdu ni pu perdre, puisqu'ils représentaient la Nation, ne pouvaient l'exercer qu'au moyen d'une convocation qu'on ne faisait plus ; qu'ils en avaient donc perdu l'exercice : qu'ayant été convoqués en 1789, par le vertueux Louis XVI, précisément comme États-Généraux, ils avaient pu, en cette qualité, et abstraction faite de celle d'Assemblée nationale qu'ils usurpèrent, ôter aux Parlemens un droit que ceux-ci n'avaient que comme les substituant.

Les Constitutions qui ont succédé à celle de 1789 ont laissé au chef de l'État le pouvoir exécutif, mais ne lui en ont pas conféré d'autre.

Que, sous le Gouvernement impérial, des décrets aient plusieurs fois remplacé les lois, cela est vrai ; mais cela ne constitue qu'un fait, et nullement un droit. Les décrets n'étaient, comme aujourd'hui les ordonnances, que pour l'exécution des lois; ils supposaient donc la préexistence des lois; ils ne pouvaient donc pas leur être contraires; bien plus, ils ne pouvaient donc pas les suppléer.

Ce qui est pour l'exécution d'une chose n'est rien, si cette chose n'existe pas; les décrets qui se substituaient aux lois étaient donc radicalement nuls.

La Cour de cassation a pourtant décidé que ces décrets avaient pu être regardés comme obligatoires, mais c'est seulement en ce que l'exécution qui leur avait été donnée devait être maintenue, quoiqu'on eût pu originairement refuser de les exécuter. En effet, cette exécution avait acquis des droits à l'une des parties, et les choses avaient cessé d'être entières.

Mais la Cour de cassation n'a pas pu vouloir dire que, même pour l'avenir, des décrets fussent obligatoires comme des lois; et quoiqu'il n'y eût aucune loi sur la matière pour laquelle ils auraient disposé, en ce sens elle aurait elle-même empiété sur le pouvoir législatif; elle aurait dépassé le cercle de ses propres attributions; en outre elle aurait renversé la barrière posée par le législateur; elle aurait transféré dans une seule main le pouvoir législatif et le pouvoir exécutif, tandis que la Constitution les séparait, et que cette séparation faisait même l'une de ses bases.

Si le Roi ne pouvait pas, autrefois même, rendre ses ordonnances obligatoires par sa seule volonté, et sans l'intervention des corps qui représentaient la nation; si pourtant il était et est encore tellement au-dessus d'eux, qu'il peut, dans les cas non prévus par la loi, annuler leur delibération, bien moins doit-il aujourd'hui pouvoir seul abroger la loi ou directement ou indirectement; il s'est lié lui-même les mains par la Charte qu'il a donnée à son peuple, et qu'on peut regarder comme l'équivalent des droits que celui-ci avait auparavant.

Il y a pourtant cette différence entre les

lois fondamentales et les lois non fondamentales, que les premières n'ont jamais pu être changées sans l'intervention du corps entier de la Nation, ou sans que ses représentans reçussent de lui à cet égard des pouvoirs formels; au lieu que, pour les dernières, leur abrogation résultait de cela seul que le Roi rendait une loi contraire, et que les Parlemens l'enregistraient.

On peut aisément en comprendre la raison. En choisissant son Roi, le peuple lui a toujours, soit expressément, soit tacitement, conféré le droit de faire des lois, ou seul, ou avec l'intervention de quelque autre corps de l'État, et de les changer si elles cessent d'être en harmonie avec les mœurs de la majorité des citoyens : ce droit est inhérent à la royauté, sans lui elle ne pourrait rien faire pour le bonheur des sujets; elle n'aurait qu'une autorité passive, telle que celle des rois de Sparte, qui ne l'étaient que de nom; car ils étaient, en réalité, de simples magistrats dans la ville, et des généraux à l'armée, comme les consuls de Rome et les suffêtes de Carthage; il serait même à craindre que de nouveaux éphores ne fissent subir à ceux qui en seraient revêtus le sort du vertueux Agis.

Mais ce droit ne peut pas renfermer celui de changer les lois fondamentales, puisque celui qui l'exerce ne le tient que de ces lois mêmes, et qu'elles existaient déjà quand il l'a reçu.

Le peuple seul pourrait les changer, puisque c'est pour lui qu'elles ont été faites, et que tout est subordonné à l'intérêt public, suivant la maxime : *Salus populi suprema lex esto.*

Mais tant qu'il ne manifestera pas expressément sa volonté de les changer, on doit croire qu'elles lui conviennent; et comme c'est d'après elles qu'il s'est choisi un souverain, c'est pour que celui-ci gouvernât en les faisant exécuter.

D'ailleurs, n'oublions pas que les lois fondamentales sont celles qui ont pour but de limiter l'autorité souveraine; si celle-ci pouvait les abroger, elle deviendrait bientôt despotique : or, la preuve que le peuple n'a pas voulu qu'elle acquît une nouvelle extension, c'est qu'en élisant son Roi, il a réglé les conditions sous lesquelles il exercerait l'autorité suprême.

En vertu de cette autorité, il peut donc faire des lois secondaires; mais c'est toujours en se conformant à ces conditions, sous lesquelles seules il l'a reçue : il est de principe que la condition forme une partie intégrante de la disposition, et subsiste ou tombe nécessairement avec elle.

Cela posé, on ne sera donc pas étonné d'entendre tous les publicistes reconnaître que les rois dont l'autorité est limitée ne peuvent pas changer les lois fondamentales; ils changeraient leur propre titre, celui dont ils tiennent leur autorité, et s'en créeraient un autre; ce qui ne leur est pas plus permis par le droit public, qu'à leurs sujets par le droit privé.

« Il appartient essentiellement à la société,

» dit Vatel (1), de faire des lois sur la ma-
» nière dont elle prétend être gouvernée,
» et sur la conduite des citoyens : ce pouvoir
» s'appelle puissance législative; la nation
» peut en confier l'exercice au prince ou à
» une assemblée, ou à cette assemblée et
» au prince conjointement, lesquels sont
» dès-lors en droit de faire des lois nouvelles
» et d'abroger les anciennes... La société a
» voulu seulement pourvoir à ce que l'État
» fût toujours muni de lois convenables aux
» conjonctures, et donner pour cet effet aux
» législateurs le droit d'abroger les ancien-
» nes lois, et les lois politiques *non fonda-*
» *mentales;.... mais rien ne conduit à penser*
» *qu'elle ait voulu soumettre la Constitution*
» *même à leur volonté;* enfin c'est de la
» Constitution que les législateurs tiennent
» leur pouvoir, comment pourraient-ils la
» changer sans détruire le fondement de
» leur autorité? Par les lois fondamentales

---

(1) *Dr. des Gens.*, t. 1, l. 1, c. 3, § 34.

» de l'Angleterre, les deux Chambres du
» Parlement, de concert avec le Roi, exer-
» cent la puissance législative : s'il prenait
» envie aux deux Chambres de se suppri-
» mer, et de revêtir le Roi de l'empire plein
» et absolu, certainement la Nation ne le
» souffrirait pas ; et qui oserait dire qu'elle
» n'aurait pas le droit de s'y opposer ? »

On voit que les auteurs confirment ce que le raisonnement avait déjà établi.

Il y a même des lois fondamentales qui ne bornent pas le pouvoir souverain, et se contentent d'établir les cas dans lesquels on en sera revêtu, par exemple, celle qui est si connue sous le nom de *loi salique*. On en ignore l'origine, elle n'était même pas écrite, elle était seulement introduite par une coutume qui remontait aux premiers temps de la monarchie : elle excluait bien les femmes de la couronne, mais on doutait si elle devait s'étendre aux parens mâles descendant des femmes, ou s'ils devaient l'emporter sur les autres parens mâles descendant des hommes, mais à des degrés plus éloignés ; c'est ce qui donna lieu à la fameuse contestation entre Philippe de Valois et Édouard III, roi d'Angleterre : les grands du royaume la décidèrent en faveur du premier, et en se conformant à l'esprit de cette loi, malgré le danger qu'il y avait de mécontenter le second.

Mais la loi salique ne limitait pas dans les hommes le pouvoir souverain, et s'il n'y avait eu qu'elle, son existence n'aurait pas empêché qu'ils ne l'exerçassent de la manière la plus despotique : si donc il y avait quelque loi fondamentale que les rois pussent abroger, ce devait être celle-là ; il est constant néanmoins qu'ils n'ont jamais pu y porter la plus légère atteinte.

S'ils ne le pouvaient pas, malgré leur supériorité bien marquée sur les Parlemens, pas plus que le roi d'Angleterre, quoiqu'il ait sur les deux Chambres le même avantage, à plus forte raison ces Parlemens ni ces Chambres n'en avaient aucun droit.

Or, les deux Chambres créées en France par la Charte l'ont été à l'instar de celles d'Angleterre, et puisqu'elles ne peuvent pas, comme on l'a vu plus haut, se réunir pour délibérer en commun, que le Roi peut les convoquer et les dissoudre quand et comme il lui plaît; que cependant il ne peut pas lui-même abroger seul une loi secondaire, ni à plus forte raison une loi fondamentale, il ne peut pas en transmettre le droit à une autorité subalterne. La validité des pouvoirs du délégué présuppose la réalité des droits du délégant.

Quant aux autres lois, les auteurs s'accordent à dire qu'elles ne doivent pas être abrogées par le Roi seul, et qu'il ne peut y déroger tant qu'elles sont utiles à l'État, leur instabilité étant, suivant Bossuet, le présage de la chute prochaine des Empires.

C'est à cause de ce danger, et pour rendre les novateurs plus circonspects, que Charondas, législateur de Thurium, avait ordonné que celui qui proposerait de changer les lois se présentât dans la place publique la corde au cou, pour être étranglé de suite si le projet qu'il proposait n'était pas adopté:

elle surprend au premier abord; mais quand on réfléchit qu'elle est l'ouvrage de ces hommes que la Grèce mettait au nombre de ses Sages, et que les changemens fréquens dans les lois annoncent et même préparent la chûte des États, on est moins pressé de la condamner. Tout est permis pour le salut public : à Rome, quand il était compromis, on créait un dictateur, qui avait momentanément un pouvoir despotique, ou bien on investissait les consuls de la même autorité, en vertu de la formule : *Caveant consules ne quid detrimenti capiat respublica*. C'est aussi pour ce cas que la Charte autorise le Roi à faire des réglemens, lors même qu'il ne s'agit pas de l'exécution des lois; mais hors le cas où la sûreté de l'État l'exige, il ne peut faire de réglemens et d'ordonnances que pour l'exécution des lois.

Il reste une dernière objection : On dira peut-être que la loi salique remonte à l'origine de la monarchie, et que ce sont les lois de cette sorte qui sont seules fondamentales.

Mais ce sentiment est réfuté par les exemples et par les autorités.

Vattel (1) établit qu'une loi peut être fondamentale, quoique postérieure à la création de la monarchie, et qu'un roi, de concert avec son peuple, peut apporter à la forme du Gouvernement un changement qui lie son successeur.

C'est ainsi que, quoique, sous les rois de la première race, le royaume fût souvent partagé, cependant les inconvéniens qui résultaient de cet usage le firent abroger, et le président Hénault, en le citant dans son *Abrégé chronologique de l'histoire de France*, ajoute : « La coutume s'est si bien établie, » que les Rois ne sont plus les maîtres de » déranger l'ordre de la succession, et que » la couronne appartient à leur aîné par une » coutume établie, laquelle, dit Jérôme Bignon, est plus forte que la loi même, » ayant été gravée non dans du marbre ou

___

(1) *Observ. sur Wolf, Jur. nat.*, part. 8, § 391.

» du cuivre, mais dans le cœur des Français. » C'est aussi sur ce fondement que Seyssel, dans sa *Monarchie française*, liv. 1, chap. 8, dit que toute loi éversive des lois fondamentales est nulle de plein droit.

On n'objectera pas sans doute que la Charte elle-même autorise à la modifier et à y apporter les changemens que l'expérience montrera nécessaires : ces changemens autorisés sont précisément la preuve que l'essence ne peut pas être altérée; car alors il ne serait pas question de changemens, mais d'une abrogation formelle; on ne peut apporter des modifications à une chose que sur les points accidentels, elle subsiste pour le surplus.

Maintenant toutes les difficultés sont aplanies; il n'y a plus qu'à démontrer que la liberté de la presse est nécessaire à l'existence de la Charte : après quoi, on examinera si l'adoption du projet entraînerait l'anéantissement de cette liberté.

§ III. *La liberté de la presse est nécessaire à l'existence de la Charte.*

Ce point découle naturellement des observations précédentes, il suffit de rappeler qu'il est reconnu par les plus célèbres publicistes.

La liberté, dit Montesquieu dans cet ouvrage immortel qui est devenu et qui restera à jamais le manuel de tous les législateurs, la liberté n'est propre ni à l'aristocratie, ni à la démocratie, ni à une forme de Gouvernement particulier; elle n'existe que dans le Gouvernement modéré.

Ailleurs il reprend (1) : « L'État monarchi-
» que est celui où un seul gouverne, *mais
» par des lois fixes et établies;* le despoti-
» que, au contraire, est celui où un seul, sans
» loi, sans règle, entraîne tout par sa volonté
» et par ses caprices. »

---

(1) *Espr. des Lois*, t. 2, c. 1.

« Voilà, ajoute Bossuet (1), ce qu'on ap-
» pelle puissance arbitraire.... Il nous suffit
» de dire que celle-ci est barbare et odieuse.
» Ces quatre conditions (celles du gouver-
» nement despotique, qu'il vient d'indiquer)
» sont bien éloignées de nos mœurs, et ainsi
» le gouvernement arbitraire n'y a point
» lieu. »

Il le distingue, avec raison, du gouvernement absolu : « Il est absolu, dit-il, par rap-
» port à la contrainte, n'y ayant aucune puis-
» sance capable de forcer le souverain; mais
» il ne s'ensuit pas de là que le gouverne-
» ment soit arbitraire. *Il y a des lois dans les*
» *empires, contre lesquelles tout ce qui se fait*
» *est nul de droit*, et il y a toujours ouver-
» ture à revenir contre;.... c'est là ce qui s'ap-
» pelle le gouvernement légitime, opposé
» par sa nature au gouvernement arbitraire. »

Mais, dans un gouvernement représentatif, pour jouir de cette liberté, qui existe

_____

(1) *Polit. sacr.*, t. 8, art. 2, prop. 1.

même dans un gouvernement absolu, pourvu qu'il ne soit pas arbitraire, il faut avoir celle de la presse : « Elle est, disait M. de Vatimes-
» nil, dans l'affaire Comte et Dunoyer, elle
» est destinée à former l'opinion publique.
» Sous le gouvernement représentatif, l'opi-
» nion publique joue le rôle principal, puis-
» qu'elle a pour organe la Chambre des dé-
» putés, c'est-à-dire une des trois branches
» qui constituent l'ensemble de la législation.
» La liberté de la presse est de la plus grande
» importance, nous sommes donc obligés de
» la respecter, à cause de son utilité; *ce n'est*
» *pas assez, il faut l'aimer.* »

Ce magistrat n'a pas été le seul à professer cette doctrine, M. Hua, avocat-général, l'a développée devant la Cour de Paris dans l'affaire Chevallier et Dentu : « Il est clair,
» dit-il, qu'une Constitution n'a été faite que
» pour donner la liberté d'écrire et de parler
» sur tout ce que l'on voudra : eh bien ! par-
» lez, écrivez, dites la vérité au Roi, aux
» Chambres, aux Ministres. Savez-vous où est
» votre garantie? Elle est dans l'amour du

» bien public : si vous en êtes animé, vous
» ne serez peut-être pas utile, mais vous ne
» serez jamais dangereux. » Il cite ensuite les
erreurs de Fénélon en matière de religion, et
de l'abbé de Saint-Pierre en matière de politique, et pense que les erreurs même, quand
ce sont celles d'un homme de bien, tournent
encore au profit de la vérité.

Il serait effectivement bien étrange qu'on
n'eût la permission d'écrire qu'à condition
de ne pas se tromper ; personne ne pourrait en profiter, car tout homme est faillible
par essence : il suffit donc, pour l'excuser,
que l'erreur qu'il a enseignée ne soit pas
dangereuse, ou qu'il prouve, par sa bonne
foi, qu'il n'en a pas connu le danger.

Puisque les organes même de la loi ont
fait un tel aveu, auquel d'ailleurs ils ne pouvaient guère se refuser, je peux bien le corroborer par la doctrine de M. Benjamin Constant, d'autant qu'elle n'est pas seulement la
sienne, et qu'il n'a fait à cet égard que répéter ce qu'une foule d'écrivains avaient dit
long-temps avant lui, que le gouvernement

représentatif n'est autre chose que le gouvernement par l'opinion publique.

En effet, dans un tel gouvernement, le pouvoir suprême est exercé en partie par le Roi, et en partie par le peuple, représenté par un ou plusieurs corps.

De quelque manière que se fasse la division, les représentans de la nation doivent recevoir d'elle les instructions convenables : elle ne peut pas se réunir pour les leur transmettre à chaque projet de loi qui leur sera soumis; mais elle peut leur exprimer son vœu par les journaux ou d'autres écrits, et leur signaler les dangers à craindre, les avantages à acquérir, et les moyens de réussir dans les desseins suggérés par l'intérêt général.

Si cette liberté n'existait pas, non-seulement ils ne pourraient pas connaître ces moyens, mais encore ils ignoreraient constamment et ce qu'ils doivent faire, et ce qu'ils doivent éviter ; ils pourraient donc, de la meilleure foi du monde, voter les lois les plus funestes à leurs concitoyens, et ce serait, en résultat, comme si ceux-ci n'étaient pas représentés.

D'un autre côté, la Charte déclare les ministres responsables et accusables; mais jamais ils n'auraient rien à craindre si la presse n'était pas libre : ce n'est que par elle que la vérité peut parvenir aux oreilles du monarque ; les ministres pourraient donc fouler impunément aux pieds les lois et la justice : ne serait-ce pas la source de fréquentes révoltes, comme dans les empires d'Orient?

Voilà ce qui montre la sagesse des principes posés par Delolme (1). « Toutes les
» fois, dit-il, qu'il s'agit de la responsabilité
» morale ou légale du Gouvernement, la
» fiction du système représentatif considère
» le Roi comme en étant tout-à-fait distinct.
» Le Gouvernement entier peut être accu-
» sé, le Roi ne le peut jamais ; sa personne
» est sacrée, mais c'est précisément à cause

---

(1) *Constit. d'Angl.*, t. 1, c. 8.

» de cela que celle des ministres ne l'est
» pas. »

Ailleurs il ajoute (1) : « Non-seulement
» elles (les lois d'Angleterre) assurent à
» chaque particulier le droit de présenter des
» pétitions soit au Roi, soit aux deux Cham-
» bres, elles lui donnent encore celui de
» *porter ses plaintes et ses observations quel-*
» *conques au tribunal du public par la voie*
» *de l'impression*, droit redoutable à ceux
» qui gouvernent......; aussi ce privilége
» n'a été obtenu du pouvoir exécutif que le
» dernier de tous, et avec la plus grande
» difficulté... Lorsque la Chambre étoilée
» eut été abolie, le long Parlement, dont
» l'autorité ne redoutait pas moins l'examen,
» fit revivre les ordonnances contre la li-
» berté de la presse. »

Il devait le redouter; en effet, n'était-il
pas composé de ces exécrables régicides
qui, donnant au monde épouvanté un spec-

___

(1) *Idem*, t. 2, c. 3.

tacle jusqu'alors inouï, firent trancher la tête à leur propre souverain ? Il n'aurait pas osé porter aussi loin ses attentats, s'il avait eu à craindre qu'une plume énergique ne les dévoilât dans toute leur turpitude.

Puisqu'il est constant, et d'ailleurs avoué, que la liberté de la presse est inséparable du Gouvernement représentatif, voyons si le projet de loi la détruit ou seulement en réprime la licence : l'examen de la question terminera cet ouvrage ; elle est encore aujourd'hui de la plus haute importance : car, qu'on ne s'y trompe pas, ce projet s'identifie presque avec la censure. Or, si la censure vient d'être supprimée, c'est seulement par la force même des choses, et parce qu'elle ne peut plus subsister dès l'instant de la convocation des Chambres. Elle peut reparaître à leur dissolution ; elles peuvent lui donner une existence légale en apparence ; ses effets et ceux du projet de loi sur la presse étant à-peu-près les mêmes, ce qui sera décidé pour lui le sera aussi pour elle : il peut être reproduit comme elle ; ce ne serait pas le premier auquel cela fût arrivé, on ne le sait que trop : il ne reste, pour l'éviter, qu'à faire connaître le danger.

§ IV. *Le projet de loi anéantit-il la liberté de la presse, ou en réprime-t-il seulement la licence?*

Il existe déjà une loi sur cette matière, elle est du 21 octobre 1814, le projet actuel la rappelle dans l'art. 1.

Il en demande le changement, parce qu'elle ne réprime pas, dit son auteur, la licence de la presse : pour savoir jusqu'à quel point ce reproche est fondé, il est nécessaire de comparer la loi avec le projet.

L'art. 14 de la loi renferme deux dispositions bien distinctes, l'une sur l'impression, l'autre sur la mise en vente : la première défend d'imprimer aucun ouvrage avant d'en avoir fait la déclaration ; la deuxième, de le mettre en vente ou même de le publier avant d'en avoir déposé à la Direction de la librairie le nombre d'exemplaires prescrit par une loi précédente, c'est-à-dire cinq.

C'est qu'au moyen de cette déclaration on avertissait la Direction de la librairie ou ses préposés, que tel ouvrage allait paraître; ce qui les mettait à portée de le surveiller pour en faire arrêter promptement la publication par une saisie, s'il devenait dangereux, mais ce qui pourtant n'empêchant pas qu'il ne fût publié aussitôt que l'auteur y avait intérêt, conservait la liberté de la presse et en réprimait la licence.

Quoique aucun délai ne fût prescrit pour le dépôt, il s'écoulait toujours quelque temps avant que l'ouvrage parût; car il fallait bien trois jours entre la remise à la Direction et le récépissé qu'elle en délivrait; d'autre part, avant d'être annoncé dans les autres journaux, il devait l'être dans celui de la librairie : ce n'est pas tout, il ne pouvait pas paraître en feuilles, il était nécessaire de le brocher; l'Autorité avait donc tout le loisir d'examiner le livre sans qu'elle montrât en avoir le dessein.

On regarde cette double formalité de

déclaration avant l'impression et de dépôt avant la publication comme si essentielle, que l'omission de chacune d'elles est punie, par l'art. 15, de la saisie et du séquestre de l'ouvrage, et en outre d'une amende qui, pour la première fois, est de mille francs, et de deux mille francs pour la deuxième ; cet article veut aussi que chaque exemplaire porte le vrai nom et la vraie demeure de l'imprimeur, à peine de saisie et séquestre, qui sont également encourus si l'ouvrage est poursuivi.

La saisie et le séquestre sont déjà une perte pour l'imprimeur ; mais comme on a pensé que le danger de la subir ne suffirait pas pour l'obliger à donner son vrai nom et sa vraie demeure, on le condamne, par l'art. 17, à trois cents francs s'il ne le fait, et au double s'il prend un faux nom.

Cette amende et celle qui est portée dans l'art. 15 devaient rassurer sur la crainte que l'imprimeur n'indiquât point son vrai nom et sa vraie demeure, ou qu'avant l'impression il ne fît pas à la Direction de la librairie la déclaration de l'ouvrage, et après l'impression le dépôt avant la mise en vente ou même avant la publication.

Cependant on a été tellement en garde contre l'abus de la liberté d'imprimer, que toute contravention aux règles ci-dessus expose, aux termes de l'art. 12, l'imprimeur à perdre son état, puisque le brevet dont il est muni peut lui être retiré, quelque faible que soit la condamnation prononcée contre lui, et par conséquent quoiqu'il puisse invoquer en sa faveur des circonstances atténuantes : or, ce brevet est le seul titre qui l'autorise à exercer, en le perdant il perd donc sa profession même.

D'après cela, comment imaginer qu'il veuille s'y exposer de gaîté de cœur? N'est-il pas, au contraire, bien vraisemblable qu'il fera tout ce qu'il pourra pour se conformer aux règles qui lui sont imposées?

Le principe de la déclaration était posé par la loi, il s'agissait d'en déterminer le mode, c'est ce qu'a fait l'ordonnance du 24 octobre 1814 : elle veut que le livre de l'imprimeur porte le titre littéral de tous les ouvrages à imprimer, le nombre des feuilles, des volumes, des exemplaires et le format; il peut remplir ces diverses obligations, ce n'est même que lui qu'elles concernent, et il est punissable s'il les viole.

Mais en supposant qu'il y soit fidèle, que peut-on exiger de plus, et pourquoi, par exemple, l'assujettir encore à n'imprimer que des ouvrages qui n'exposent pas à des poursuites judiciaires? Ce serait l'assujettir à les lire, et quel est celui qui en aurait le loisir? Admettons qu'il l'eût, son imprimerie souffrirait considérablement si, avant qu'il pût en sortir une brochure, il fallait qu'il pût la juger. Les ouvriers peuvent imprimer dix ouvrages différens en travaillant chacun à sa feuille, dans le temps que leur chef en mettrait à en lire un seul.

Ce n'est pas tout, cet ouvrage est lu; mais il peut traiter des questions qui sont hors de la portée de l'imprimeur, celles de théologie, par exemple, celles de l'ultramontanisme en opposition avec les libertés de l'Église gallicane; comment saisira-t-il le point qui les sépare, qui permet les opinions lorsqu'elles ne sont qu'erronées, et se bornent à la spéculation, mais qui les punit lorsqu'elles peuvent être mises en pratique? Qui s'assurera qu'il ne plaira pas au ministère public de poursuivre un ouvrage dont les doctrines seront irréprochables dans le fond? Cependant, si, par cela seul que l'ouvrage était exposé à la poursuite, et conséquemment à la saisie et au séquestre, l'imprimeur qui a déjà fait tout ce qui dépendait de lui pour être à l'abri de reproches, et qui pourtant éprouve un dommage réel dans cette saisie et ce séquestre, risquait en outre d'être attaqué personnellement, quoiqu'il eût agi de bonne foi, quel est celui d'entre eux qui pourrait l'éviter? Je dis plus, quel est celui qui voudrait imprimer? Il était donc tout simple que la loi les en affranchît, et c'est ce qu'a fait celle du 17 mai 1819, dans son art. 24.

Elle excepte le cas où l'on prouverait que l'imprimeur a agi sciemment, et elle a raison; car alors c'est de son propre fait qu'il répond, et il ne peut plus alléguer sa bonne foi, puisqu'on prouve qu'il savait que l'ouvrage qu'il imprimait était dangereux : il ne mérite aucun égard; il n'a été dirigé que par une basse cupidité.

Les précautions prises contre les imprimeurs ont été, par la loi du 9 juin 1819, étendues aux journalistes dans les points où elles peuvent leur être applicables.

Ainsi, par l'art. 9, les amendes prononcées, par la loi du 17 mai précédent, pour les autres publications, le seront pour les leurs, et pourront même être doublées et quadruplées. Par l'art. 1er., les propriétaires ou éditeurs de journaux doivent, 1°. déclarer le nom au moins d'un propriétaire ou éditeur responsable, sa demeure et son imprimerie; 2°. fournir un cautionnement de 5,000 à 10,000 fr. pour Paris, et proportionné, pour les autres villes, à leur importance.

Ce système sur la police de la presse semble complet et rassurant pour les gens les plus ombrageux, si même il n'est pas trop rigoureux ; néanmoins le nouveau projet le trouve insuffisant, voyons en quoi.

Le dépôt est exigé, a dit en substance M. le Garde-des-Sceaux; mais à quoi sert-il s'il ne précède pas la publication? Il n'est utile que pour faciliter l'examen du livre.

Sur la première assertion, j'observe qu'elle est erronée en point de fait; car la loi du 21 octobre 1824 voulait, comme le projet, que le dépôt précédât la publication, nous l'avons vu : ce projet serait donc inutile à cet égard.

La deuxième assertion sera examinée plus bas, elle doit être approfondie, ainsi que les motifs de la variation des délais pour la durée du dépôt suivant le nombre de feuilles.

L'art. 3 applique les peines prononcées par la loi d'octobre à tout imprimeur qui imprimerait un plus grand nombre de feuilles que celles qu'il aurait déclarées.

Mais cette loi avait été fort sage de se borner à vouloir que l'imprimeur énonçât le nombre de ses feuilles, sans prononcer de peine pour inexactitude dans la déclaration; elle ne pouvait pas faire davantage : car la déclaration devant avoir lieu avant l'impression, il était physiquement impossible de calculer au juste le nombre de feuilles que pouvait produire un manuscrit, quand même l'auteur n'y aurait fait aucune correction.

De plus, les auteurs ne font-ils pas constamment des changemens à leurs manuscrits? Combien trouve-t-on de variantes des plus célèbres, tels que Fénélon, Voltaire et Rousseau? Nous serions donc condamnés à n'avoir que des ouvrages réprouvés, en quelque partie, par leurs auteurs eux-mêmes, soit quant aux idées, soit quant au style.

On veut pourtant non-seulement que l'imprimeur soit puni de ce qu'il n'a pas pu empêcher, mais encore que les feuilles qui excéderaient le nombre porté dans la déclaration soient supprimées et détruites.

Ainsi, de toute nécessité, il faudra qu'un ouvrage reste imparfait et mutilé, non-seulement s'il y a des changemens dans le manuscrit, mais encore dans le cas même où il n'y en aurait pas, puisqu'on devra toujours supprimer ce qui excédera le nombre de feuilles porté dans la déclaration, et qu'il est impossible de le fixer au juste; et comme un ouvrage où tout n'est pas complet présente le plus souvent un sens ridicule, et expose son auteur aux sarcasmes les plus piquans, on n'aura, pour s'y dérober, d'autre ressource que de ne pas écrire; elle sera le résultat infaillible de cet article, car un auteur vise toujours à la gloire, il n'écrirait pas sans cela : c'est elle qui, comme l'observait ingénieusement l'un des plus illustres Pères de l'Église latine, dirige celui même qui la censure; et puisqu'il sera certain d'arriver à un but tout contraire de celui qu'il se propose, il se gardera bien d'employer son temps et ses talens à des ouvrages littéraires ou scientifiques, quels qu'ils soient.

Il n'est pas responsable de cette mutilation, il est vrai; mais cela n'empêche pas que l'ouvrage, pour ce qui sera à la fin, ne présente souvent un sens absurde, puisqu'il ne sera pas achevé, et que l'on ignore de quelle manière il devrait l'être, ou l'était, en effet, dans les feuilles supprimées; l'impression qui en restera dans l'esprit des lecteurs lui sera toujours défavorable.

Non-seulement la publication avant le dépôt est punie, mais encore la tentative de publication, et l'art. 4 regarde comme telle le transport d'une partie de l'édition hors de l'atelier de l'imprimeur avant les cinq ou les dix jours fixés pour la durée du dépôt par l'art. 1er.

Il faudra donc que l'imprimeur garde dans son atelier, pendant cinq jours dans un cas et dix jours dans un autre, l'édition d'un ouvrage.

Mais en la tirant seulement à deux mille exemplaires, ce qui est le tirage ordinaire, s'il a dix ouvrages à la presse, de quinze feuilles seulement chacun, le total sera de cinq à six cent mille feuilles. Comment pourra-t-il faire tout sécher dans son atelier? Et les assembleurs, les brocheurs, toutes ces feuilles leur seront donc envoyées à-la-fois? Quel temps ne leur faudra-t-il pas pour mettre l'ouvrage en état de paraître? Ils seront accablés sous le fardeau.

Dans l'intervalle, l'auteur sera obligé d'attendre long-temps, et si c'est un ouvrage de circonstance dont il s'agisse, elle passera avant qu'il paraisse, et quand il paraîtra il ne sera plus d'aucune utilité : la chose est si sensible, que tout développement devient superflu.

L'art. 5 assujettit au timbre tout écrit qui a moins de cinq feuilles : on a objecté qu'il atteignait jusqu'aux programmes, prospectus, almanachs et cartes de visite; on exagère, cet article est expliqué par l'art. 1er., auquel il se réfère, et qui ne s'entend que des écrits susceptibles d'être mis en vente, publiés ou distribués.

Mais cet article n'en est pas moins subversif de la liberté d'imprimer; il soumet au timbre de 1 fr. la première feuille de chaque exemplaire d'un ouvrage qui aura cinq feuilles ou moins, et les autres feuilles à un timbre de 10 cent. : ainsi, un ouvrage de cinq feuilles coûtera au moins 28 sous pour le timbre seul, et comme il n'y en a aucun qui aujourd'hui ne se vende au moins 30 sous, il arrivera en définitive qu'une petite brochure coûtera autant qu'un ouvrage de deux cents pages, puisque celui-ci sera affranchi du timbre.

Cette étrange et pourtant infaillible conséquence aurait dû ouvrir les yeux sur la fausseté du principe. On excepte de la rigueur de cette disposition les discours des membres des deux Chambres, les publications prescrites par l'Autorité publique, les livres élémentaires employés dans les maisons d'éducation, les mémoires des Sociétés littéraires et savantes autorisées, enfin les journaux et affiches.

Mais cela était indispensable : d'abord, pour les journaux, ils sont déjà soumis au timbre, on ne leur faisait donc pas une grande grâce; les mémoires des Sociétés littéraires et savantes autorisées ne traitent pas de politique, ils ne peuvent donc causer aucun ombrage; ils émanent d'ailleurs, non d'un individu, mais d'un corps entier; ils sont le résultat des observations et conférences qui y ont eu lieu, et qui ne peuvent se faire qu'à des époques assez éloignées les unes des autres, puisque les réunions ne sont ni journalières, ni hebdomadaires, ni même mensuelles : on ne peut donc pas trouver dans les écrits de ce genre l'intérêt du moment. Les livres élémentaires pour l'éducation sont de nature à ne pas effaroucher les despotes même, ils ne s'occupent que de sciences, d'histoire ou de littérature. Les publications prescrites par l'Autorité ne peuvent pas être refusées : il serait bien singulier qu'on fût soumis à un droit fiscal pour avoir imprimé ce qu'on ne pouvait pas se dispenser d'imprimer. Les discours des Pairs et des Députés doivent être connus du public, le Gouvernement représentatif l'exige; on ne pourrait pas, sans cela, faire sur ces discours les réflexions qui montreraient qu'ils sont utiles ou nuisibles, et en quoi; et ce gouvernement n'existerait plus, même en apparence : or, il est important de conserver l'apparence, même en détruisant le fond des choses, quand on ne veut pas que le changement soit aisément remarqué.

Mais cette exception est étendue à deux autres genres d'ouvrages : 1°. les catéchismes, 2°. les mandemens et lettres pastorales.

Quant aux catéchismes, pourquoi ne pourraient-ils pas devenir aussi dangereux que les brochures ordinaires? On a bien prétendu, dans le temps, que celui de Montpellier l'était, sous prétexte qu'il avait été composé par des jansénistes, dénomination qu'on employait pour désigner les adversaires des jésuites, et qu'on essaie encore de rappeler pour faire revivre des querelles ridicules, qui n'acquirent d'importance que parce que le Gouvernement voulut bien s'en mêler, au lieu de laisser chaque parti se débattre. A-t-on oublié que parmi les catéchismes il y en a eu qui ont inséré le paiement de la dîme et la fuite des excommuniés parmi les Commandemens de l'Église? Ne peut-il pas y en avoir qui classent dans les Commandemens de Dieu, à côté de la défense de prendre le bien d'autrui, celle de garder les biens nationaux, puisqu'en thèse tout détenteur injuste est obligé à restitution; d'autres qui aillent jusqu'à citer les prétentions ultramontaines comme les vraies et saines maximes?

Si elles ne le sont pas dans les catéchismes, ne peuvent-elles pas se glisser dans les mandemens; Un archevêque de Toulouse n'a-t-il pas, de nos jours, osé se plaindre de ce que l'obligation de prêter serment d'enseigner la doctrine contenue dans la *Déclaration de* 1682 était rappelée par un ministre, qui pourtant ne remplissait en cela que son devoir?

Il trouvait la Circulaire de ce ministre inconvenante et inadmissible, et dédaignant jusqu'aux règles de simple bienséance, il avait par deux fois refusé d'y répondre: pourquoi? Ses raisons sont curieuses : c'est, en premier lieu, que la formule d'adhésion..... semblait présenter les quatre articles comme une décision de foi; ce qui, ajoutait-il, n'est pas, *et nous exposerait à la censure du Saint-Siége.*

En deuxième lieu, qu'elle contenait l'engagement de professer la doctrine des quatre articles; qu'elle était de plus ridicule, en ce qu'elle exige que l'on professe et que l'on veuille enseigner; que cette mesure inutile, qui était un nouvel attentat aux droits des évêques, *déplairait à la cour de Rome*, et était aussi impolitique que déplacée, dans un temps où un parfait accord régnait entre Rome et la France.

Il avait dit plus haut que l'autorité civile n'avait pas le droit de fixer aux évêques ce qu'ils avaient à prescrire pour l'enseignement dans leurs séminaires, et il a été tellement choqué de cette liberté, qu'il finit par des expressions peu compatibles avec l'humilité et la charité évangéliques.

La réponse est courte, mais péremptoire; elle consiste dans la réfutation de la dernière assertion, ce qui entraîne la ruine de toutes les autres assertions.

Que la Déclaration de 1682 soit article de foi ou non, peu importe; elle dit en substance que les rois sont indépendans des papes pour le temporel, que les papes sont faillibles, et que leur autorité est subordonnée à celle des Conciles et des Canons de l'Église : un Français peut-il mettre en doute de pareilles décisions? Peut-il se révolter contre son Roi pour ne pas déplaire à Rome, et n'est-ce pas évidemment se révolter contre lui que de refuser de reconnaître que le pape ne peut pas lui ôter la couronne? Par son Édit de mars, même année, Louis XIV ordonna à tous les archevêques et évêques de son royaume d'employer leur autorité pour faire enseigner, dans l'étendue de leurs diocèses, la doctrine contenue dans la Déclaration faite en 1682 par les députés du clergé, et assujettit tous les professeurs à la souscrire avant d'exercer. La loi du 8 avril 1802 fait revivre cet Édit : en 1824, un membre du haut clergé s'y refuse; il manque donc à son corps et à son roi, et justifie par là ce que disait M. Bourdeau, qu'on demandait le retour de l'ancien régime avec les jésuites de plus et les libertés gallicanes de moins.

Quand on voit un des princes de l'Église tomber dans de pareils écarts, n'a-t-on pas tout à redouter de la suprématie que veulent s'arroger le sacerdoce et l'épiscopat? Leur système sur ce point n'est pas nouveau : combien de refus de sacremens de la part des curés envers les fidèles qui ne voulaient pas recevoir la bulle *Unigenitus?* Combien de mandemens séditieux des évêques, et d'arrêts des Parlemens pour les réprimer? Notre histoire en est remplie.

Et cependant ces écrits, qui, à raison du caractère dont leurs auteurs sont revêtus, peuvent avoir tant d'influence sur l'esprit public, sont précisément ceux qu'on ne circonscrit dans aucune limite.

Tous ceux qui sont affranchis du timbre ont dû, par la même raison, l'être aussi du temps du dépôt, c'est aussi ce qui est arrivé : les observations faites sur l'art. 5 s'appliquent donc à l'art. 2 sous ce rapport.

Il y en a pourtant deux concernant ce

dernier article en particulier; il veut bien que les mémoires sur procès et les écrits sur les projets de loi présentés aux Chambres soient dispensés de rester en dépôt pendant un temps limité.

Mais 1°. ce ne sont que les mémoires signés d'un avocat inscrit au tableau : ainsi ceux d'un avocat stagiaire y seront assujettis, et pourtant la loi sur la plaidoierie autorise les avocats stagiaires à écrire aussi librement que les autres, et même à plaider, s'ils ont atteint un certain âge ou obtenu un certificat.

Ils peuvent sans doute dire dans leurs mémoires des choses étrangères au procès et se livrer même à la diffamation; mais cela peut également arriver à ceux qui sont inscrits au tableau : pourquoi donc cette préférence injurieuse? Les lois n'ont-elles pas prévu le cas et autorisé les tribunaux à réprimer des fautes de ce genre? N'y a-t-il pas un conseil de discipline, pour infliger aux délinquans les peines qu'ils auront encourues?

2°. Il faut que ces mémoires soient faits

pendant l'instance : ici les avocats non stagiaires sont eux-mêmes gênés dans leur liberté. Souvent des mémoires sont produits après l'instance, pour dissiper quelques soupçons ou donner quelques éclaircissemens : on se souvient encore à Bordeaux, et l'on se souviendra long-temps des mémoires composés dans l'affaire Lamorine par le vertueux Ferrère et par cet homme dont il suffit de dire, pour son éloge, qu'il est sorti du ministère sans s'y être enrichi, et qu'il n'a pas trouvé d'imitateurs : elle était pourtant souverainement décidée, puisque l'accusé avait été acquitté par le jury. Si l'article 2 du projet eût alors existé, nous aurions été privés de deux pièces d'éloquence, dont la première, sur-tout, est une des plus remarquables qu'ait produites le barreau moderne.

3º. Enfin les mémoires signés par d'anciens avocats, et faits pendant l'instance, sont bien dispensés du dépôt, mais non du timbre s'ils n'ont que cinq feuilles ; or la plupart en ont presque toujours moins : on ne pourra donc plus en faire, à moins de les faire très-volumineux; ce qui deviendra dispendieux pour les parties.

4°. Pour être dispensés du dépôt pendant un temps limité, les écrits présentés aux Chambres doivent être publiés pendant que la discussion sera ouverte dans chacune d'elles : cette restriction ne rend-elle pas la dispense illusoire? Quel est l'écrit qui pourra paraître à temps sur la plupart des projets de loi, s'il faut que la discussion soit ouverte? Il s'écoulera toujours près d'un mois avant qu'il puisse être publié; car pour peu que la loi soit importante, il faudra bien quinze jours pour composer l'ouvrage, une semaine pour l'impression, puis l'annonce dans les journaux; car c'est un préalable nécessaire pour qu'un ouvrage soit connu : cette annonce pourra être retardée par beaucoup de circonstances, et la loi sera rendue avant que les Députés aient été éclairés par la lecture de l'ouvrage, et mis à même d'apprécier ce qu'il contient d'utile et d'en faire usage dans leurs délibérations.

Tout ce qui précède concerne exclusivement les imprimeurs, voici maintenant ce qui s'applique aux journaux seuls.

L'art. 8 était inutile; il exige, pour la publication d'un journal, une déclaration indiquant le nom et la demeure du propriétaire; on a vu que tout cela était déjà prescrit par les lois précédentes.

Il en est de même de l'art. 12, relatif au cautionnement.

Quant à l'art. 11, il est inutile aussi, mais par un autre motif, c'est qu'il prescrit une formalité dont on ne peut retirer aucun avantage : il veut, en effet, que le nom des propriétaires des journaux ou écrits périodiques soit imprimé en tête de chaque exemplaire; mais qu'importe que ce nom y soit ou n'y soit pas? Si l'on peut éluder la loi dans le deuxième cas, il sera tout aussi facile d'y parvenir dans le premier : l'Autorité seule peut avoir intérêt à connaître le nom, or elle le connaît déjà par la déclaration faite à la Direction en publiant le journal. Si dans aucun cas on ne peut éluder la loi, pourquoi la règle n'est-elle pas identique ?

L'art. 20 interdit toute publication sur la vie privée de tout homme résidant en France, soit Français, soit étranger, à peine d'une amende; il est très-sage, on ne peut qu'y applaudir : il tarit la source impure de ces écrits éphémères, qui le plus souvent n'ont d'autre mérite que d'alimenter, par leurs calomnies, la malignité publique.

J'en dirais autant de l'art. 21, qui autorise à poursuivre d'office tout délit de diffamation envers les particuliers, si cet article s'entendait du délit dont a parlé l'art. 20. En effet, dans ce cas la publicité sur la vie privée de l'individu diffamé est déjà acquise, il ne reste plus qu'à poursuivre le diffamateur; le diffamé n'en éprouve aucun préjudice, puisque quand même on ne poursuivrait pas celui qui aurait publié les faits que le diffamé avait intérêt de cacher, ces faits n'en seraient pas moins connus de tout le monde, l'impression les ayant répandus en tous lieux.

Mais ce n'est pas dans ce sens qu'est conçu l'art. 21, la preuve, c'est qu'il veut que la poursuite ait lieu d'office, quand même le diffamé ne se serait pas plaint; tandis que l'art. 20 permet à celui dont on publie la vie privée, d'autoriser ou d'approuver la publication avant le jugement; ce qui peut avoir lieu, soit qu'il ait poursuivi lui-même et s'en soit repenti, soit que la poursuite ait eu lieu d'office.

En admettant que la poursuite doive être dirigée, d'après l'art. 18, non contre les éditeurs responsables, mais contre les propriétaires mêmes des journaux ou écrits périodiques, les art. 16 et 17, qu'on a si amèrement censurés, me paraissent à l'abri de la critique. En effet, qui veut la fin veut les moyens; tous actes, toutes conventions et dispositions faites par quelqu'un qui se prétendra propriétaire, quoiqu'il ne le soit pas, devront donc subsister nonobstant les contre-lettres qui pourraient établir le contraire.

Par la même raison, ces actes, conventions et dispositions devront être nuls, s'ils émanent de personnes autres que celles qui ont fait la déclaration de propriété.

S'il en était autrement, la loi serait constamment éludée; un ou plusieurs individus se présenteraient comme propriétaires sans l'être, et le véritable propriétaire frauderait la loi sans danger, au moyen de la contre-lettre qui lui garantirait la conservation de ses droits : on reverrait donc encore paraître sur la scène des mannequins, qui n'auraient de propriétaire que le nom.

En vain s'écrierait-on que c'est favoriser la mauvaise foi; elle existe d'abord dans celui qui cherche à frauder la loi, et en admettant que la loi soit juste en elle-même, elle doit le punir d'avoir voulu la violer; il serait bien surprenant qu'elle vînt au secours de son infracteur, et qu'elle facilitât les moyens de la rendre illusoire.

Aussi, par exemple, ne permettrait-on pas à un fidéicommissaire d'avouer qu'il n'a reçu que pour rendre à un tiers, et d'exécuter la condition sous laquelle il a reçu; la substitution serait annulée en entier, dès qu'il serait certain que le disposant a voulu en faire une; il suffirait que la loi la défendît.

Les contre-lettres ont toujours été vues de

mauvais œil, parce qu'elles sont un moyen de fraude : dans le droit, elles sont nulles contre les tiers, et si elles valent entre les contractans, ce n'est que sous certaines conditions. Il fallait, suivant les lois romaines, qu'elles eussent lieu à l'instant même où le contrat se passait, parce que c'était alors une preuve que les contractans n'avaient pas entendu faire un acte sérieux; au lieu que si elles avaient lieu après coup, elles n'empêchaient pas que dans l'origine ils n'eussent entendu agir sérieusement ; elles prouvaient seulement qu'il y avait eu chez eux changement de volonté.

Ici un tiers serait toujours intéressé, ce serait le ministère public, agissant pour la société, qui voudrait s'assurer que la publication d'un écrit répréhensible donnerait lieu, contre le propriétaire même du journal, à une peine, et qui ne pourrait pas y parvenir, si ces contre-lettres étaient validées : elles devraient donc être nulles, même aux termes du droit commun.

Les art. 9 et 15 se lient: celui-ci veut que

nulle société relative à la propriété d'un journal ou écrit périodique ne soit contractée qu'en nom collectif et suivant les formes établies pour cette association par le Code de commerce, et que les associés ne soient pas plus de cinq; celui-là, que nul ne soit admis comme propriétaire s'il ne réunit pas les conditions exigées par l'art. 980 du Code civil, c'est-à-dire d'être mâle et majeur; qu'en cas de contestation sur le rejet de la déclaration, et jusqu'à ce que les tribunaux aient statué, la décision du Directeur de la librairie ou des préfets soit provisoirement exécutée.

Tout cela est une conséquence du principe que la poursuite ne doit être dirigée que contre les propriétaires et non contre les éditeurs; c'est ce qu'on reconnaît dans un article du *Moniteur,* sur cette matière.

La question est donc réduite à savoir si un principe qui entraîne de pareils résultats ne doit pas être rejeté.

1º. Dit-on : Dans la société en commandite, on ne peut pas actionner les commanditaires, c'est qu'ils n'administrent pas, qu'ils n'ont pas prescrit la publication, qu'il serait donc injuste de leur imputer ce qui n'est pas de leur fait; que quant à l'associé gérant il en serait autrement, mais qu'il ne présente aucune garantie, puisqu'il ne possède rien en fonds ou capitaux, et n'apporte dans la société que son industrie.

2°. Si le nombre des associés est illimité, il s'ensuivra que la responsabilité sera illusoire, parce que l'amende à laquelle ils pourront être condamnés sera très-faible pour chacun d'eux; tandis que s'ils étaient en petit nombre elle serait considérable et pourrait les retenir par la crainte d'y être condamnés; d'ailleurs, il y aura encore là des hommes qui représenteront les éditeurs responsables, puisqu'il est impossible d'admettre que tous les propriétaires aient coopéré à la publication de l'article incriminé.

3°. On ne peut pas, par la même raison, condamner un mineur, un étranger ni une femme : ou ils n'ont pas agi du tout, ou ils n'ont pas agi en connaissance de cause.

Ces divers points sont incontestables ; on ne peut même pas, pour en atténuer la force, alléguer que la faculté réservée au directeur de la librairie ou aux préfets de faire exécuter provisoirement leur décision, qui rejette la déclaration du propriétaire, les rende à-la-fois juges et parties ; ils n'ont à cela aucun intérêt personnel ; on devrait plutôt les considérer comme juges, et les tribunaux devant lesquels on se pourvoirait seraient à leur égard de véritables juges d'appel ; mais l'injustice consisterait en ce que leur décision devant être provisoirement exécutée, quoiqu'elle puisse en définitive être réformée, cette exécution porterait souvent un préjudice irréparable, parce que s'écoulant au moins un mois avant qu'ils prononcent, avant ce temps le journal aurait cessé d'exister, et ses abonnés se seraient adressés ailleurs.

Mais, de toutes les concessions que je viens de faire, que résulte-t-il ? Que l'on ne peut appliquer le principe sans tomber dans des injustices révoltantes, et par conséquent sans aller directement contre le but qu'on se propose.

On veut éviter que la peine appliquée ne retombe sur un innocent : telle est la base du nouveau projet sur ce point, et assurément elle est très-juste en elle-même ; mais de deux choses l'une, ou l'individu condamné a dû l'être, puisqu'il s'y est volontairement soumis, et qu'en acceptant la responsabilité d'un fait qui lui était étranger, il a trouvé une ample compensation de ce danger dans l'avantage pécuniaire que lui donne la publication d'un ouvrage qui souvent ne peut réussir que par le scandale ; ou, malgré cette défaveur qui semble résulter de sa position, la punition a dû retomber non sur lui, mais sur celui qui a pris une part active à cette publication.

Au premier cas, on doit frapper aussi les filles ou veuves des propriétaires de journaux et ces propriétaires eux-mêmes, quelque nombreux qu'ils soient : pourquoi les plaindre plus qu'ils ne veulent l'être ? On convient que les éditeurs responsables se réjouissent des condamnations prononcées contre eux; les mineurs n'en doivent pas être exempts; tous les jours, on leur applique les lois pénales dès qu'ils ont atteint l'âge de discernement, c'est-à-dire seize ans. Les étrangers sont soumis, comme les Français, aux lois de police et de sûreté; le *Code civil* même le dit dans son titre préliminaire, et n'a fait par là que consacrer une maxime adoptée dans tous les pays policés, et sans laquelle aucun ne pourrait subsister.

Au deuxième cas, on ne pourra punir le propriétaire lui-même que lorsqu'il aura fait l'article ou commandé de le faire et en aura connu l'esprit; car l'intérêt pécuniaire qu'il en retire ne devra pas suffire pour le faire condamner, puisqu'on le trouve insuffisant pour la condamnation des éditeurs responsables : il faudra donc, pour être conséquent, laisser la propriété du journal non à cinq personnes, mais à une seule, n'y en ayant qu'une qui puisse s'occuper d'un article, ni qui commande de s'en occuper; encore, le plus souvent, ce propriétaire unique échappera-t-il à la peine : il n'aura qu'à prouver qu'il ne se mêle que du matériel du journal, et non de rédiger ou de faire rédiger les articles.

On est donc forcément ramené au système des éditeurs responsables, quelque abusif qu'il paraisse d'abord : ces propriétaires tiendraient la place d'éditeurs, et puisqu'on tomberait dans l'inconvénient qu'on redoute, autant vaudrait laisser les choses comme elles sont, quand il n'y aurait pas d'autres motifs pour s'y déterminer.

Mais combien ils acquièrent de force, si l'on considère qu'on ne pourrait faire cette innovation sans porter atteinte à la propriété!

Un propriétaire de journal a une propriété aussi réelle que celui qui possède un fonds de terre, puisqu'il en retire les mêmes ressources; ce propriétaire peut avoir employé à son acquisition des capitaux considérables; sa femme peut la lui avoir apportée en dot, sa fille peut l'apporter en mariage au même titre. La dot des femmes touche à l'intérêt public : *Reipublicæ interest dotes mulierum salvas fore.* Ne s'agit-il pas de dot, mais d'une propriété ordinaire, elle doit, quelle qu'elle soit, être sacrée comme la Constitution même de l'État, suivant la maxime du grand Montesquieu.

On a allégué que la veuve et la fille d'un propriétaire de journal avaient la ressource de vendre, comme on le ferait d'une Étude ou de tout établissement qui ne peut être tenu que par des hommes.

Mais quelle énorme différence! D'abord, dans ce dernier cas, la nature des choses rend la vente indispensable, au lieu qu'elle ne l'est pas ici, puisque jusqu'à ce jour les femmes ont été, aussi bien que les hommes, propriétaires de journaux.

Ensuite, la loi, en obligeant les filles et veuves de fonctionnaires ayant Étude à les vendre après le décès de leur père ou mari, leur donne tout le temps de le faire; elles peuvent choisir pour cela une circonstance favorable. Ici, il n'en est pas de même, puisque les filles et veuves de propriétaires de journaux étant déclarées, par la loi, incapables de conserver la propriété de leur père ou mari, et les journaux ne pouvant subsister que tout autant qu'il n'y aura dans leur envoi aucune interruption, ou que du moins elle sera très-courte, il s'ensuit que pour ne pas tout perdre elles seront obligées de vendre à la hâte et par cela même à vil prix. On commettra donc une injustice avec les meilleures intentions, et précisément par le moyen qu'on indique pour la prévenir. On ne veut pas exposer une femme ou fille de propriétaire de journaux ou d'écrits périodiques à payer une amende, et on l'expose à perdre en grande partie la valeur de sa propriété!

Un autre inconvénient résulte de ce système, c'est la rétroactivité; elle a toujours été proscrite de toute législation, excepté quand l'intérêt général exigeait que l'on s'écartât en ce point de la règle ordinaire : c'est ainsi, par exemple, que les substitutions ont été abolies par les lois des 28 octobre et 14 novembre 1792, et que l'abolition porte sur toutes celles qui n'étaient pas encore ouvertes lors de la promulgation de ces lois ; mais les substitutions étaient contraires au droit naturel ; elles n'avaient été introduites que pour illustrer une certaine classe de citoyens ; elles ôtaient du commerce une grande quantité de biens ; elles servaient à tromper des créanciers, qui croyaient que les biens dont jouissaient leurs débiteurs leur appartenaient, et qui cependant ne pouvaient pas y trouver le gage de leur paiement, puisqu'ils étaient grevés de substitutions à leur insu. Elles nuisaient donc à la masse, et ne servaient qu'à quelques individus ; elles allaient, par conséquent, contre le but qu'on s'est proposé en se réunissant en société : d'après cela, il n'est pas étonnant que la rétroactivité les ait atteintes ; elle replaçait, par là, les choses dans leur état naturel et primitif.

Mais s'il s'était agi de simples améliorations à faire dans une législation non contraire au droit naturel, ni au but immédiat des hommes en formant un corps social, en aurait-il été de même? Non certes, et l'on a vu quels troubles a causés la loi du 17 nivôse an 2, quand elle a voulu anéantir les contrats et actes irrévocables déjà passés à l'époque de sa promulgation. Quelque juste qu'eût pu être en lui-même le nouveau système qu'elle embrassait, ce que je suis loin de reconnaître, comment pouvait-elle faire un crime de ne l'avoir pas suivi à des gens que rien n'y obligeait?

Les circonstances qui autorisent à user de rétroaction existent-elles ici? Évidemment non, j'en ai fait pressentir la raison au commencement de cet ouvrage; mais il importe d'y revenir.

Il est démontré que la propriété des biens constitue l'une des lois fondamentales de la société, comme la liberté des personnes et des actions; que cette propriété et cette liberté ne tiennent pas seulement aux lois fondamentales positives, qui n'ont lieu que dans les gouvernemens monarchiques, soit limités, soit absolus, mais encore aux lois fondamentales naturelles, qui ont lieu même dans les Gouvernemens despotiques ou arbitraires, et sans lesquelles aucun Gouvernement ne peut exister.

Quelle considération oppose-t-on pour balancer celle-là? On dit que la liberté de la presse produira la licence, et qu'il n'y a d'autre moyen de l'éviter qu'en faisant porter la responsabilité sur les propriétaires eux-mêmes.

Quand cela serait, pourrait-on en tirer une conséquence aussi désastreuse? La liberté de la presse tient sans doute à des lois fondamentales, mais à des lois fondamentales positives seulement, et qui par conséquent ne peuvent exister que dans certains Gouvernemens, au lieu que la propriété tient aux lois fondamentales naturelles, qui sont de l'essence de tous les Gouvernemens : celle-ci doit donc être infiniment plus précieuse que celle-là, et s'il fallait se résoudre à un sacrifice, il devrait porter sur la deuxième en faveur de la première.

Mais puisque, dans l'alternative entre la perte de la liberté de la presse et la perte de la propriété des biens, c'est de cette liberté qu'on devrait se priver, à combien plus forte raison doit-on maintenir la propriété des biens, lorsque son maintien n'expose pas à la perte de la liberté de la presse, mais seulement au danger de n'en pas réprimer toujours assez efficacement la licence?

Et si cette liberté, qu'on paraît, dans l'article 18, si soigneux de protéger, et à laquelle on sacrifie ce qu'il y a de plus sacré parmi les hommes réunis en société, était pourtant elle-même gravement compromise par d'autres articles, que faudrait-il en conclure?

Or l'art. 1er. veut que tout ouvrage qui aura moins de vingt feuilles, reste déposé cinq jours à la Direction de la librairie, et dix jours s'il a plus de vingt feuilles.

Pourquoi ce retard? C'est, dit-on, pour que l'on puisse, si l'ouvrage est mauvais, en reconnaître le danger à l'instant où il va être publié, et le faire saisir avant qu'il ait causé le mal qui en résulterait infailliblement s'il tardait long-temps à être connu.

Mais ce but était déjà atteint par la loi du 21 octobre 1814, car le *Moniteur* lui-même, quelque dévoué qu'il soit au ministère, avait déjà observé, dans son numéro du 25 juillet 1817, après avoir réfuté l'assertion qu'attaquer les ministres c'est attaquer le Gouvernement du Roi, assertion insoutenable, comme on l'a vu par le passage de Delolme, et condamnée dernièrement dans le procès du *Courrier*, que le dépôt avertit la Police, et que c'est à elle d'empêcher que le mal ne se répande s'il y en a; que par conséquent n'y ayant du fait de l'imprimeur que le dépôt, on ne pouvait pas, s'il l'avait effectué, le condamner comme complice de l'écrivain, et qu'il était suffisamment puni par la perte ou la privation de gain qu'il éprouvait.

C'est effectivement tout ce qu'on peut demander, que la Police soit mise sur la voie pour faire ses recherches; c'est à elle à employer la surveillance convenable; mais au moyen du retard de cinq jours dans un cas, et de dix jours dans un autre, on paralyse la publication, et s'il s'agit d'un ouvrage de circonstance, on porte à l'auteur un tort considérable.

On ajoute que ce retard, prescrit par l'art. 1er., est utile pour faciliter l'examen du livre : on ne se contente donc pas d'avoir les moyens de l'arrêter avant la publication, on veut éviter que le mal ne s'opère; on veut donc le prévenir ; mais le prévenir est tout le contraire de le réprimer : car la répression consiste à punir du mal *déjà commis*, pour détourner de l'envie de le commettre encore.

Si le projet de loi n'a véritablement pour objet que de réprimer la licence de la presse, il ne doit donc tendre qu'à donner des moyens efficaces de punir ceux qui se livrent à cette licence : je conviens que pour cela il n'est pas nécessaire qu'il laisse opérer un second mal, il y en a déjà un dans la publication d'un ouvrage dangereux, et c'est celui-ci qu'il faut réprimer, pour empêcher celui-là de naître.

Cet art. 1er., s'il était seul, ne serait donc pas l'équivalent de la censure, puisque la censure mettait obstacle à ce que l'ouvrage parût, et ainsi detruisait complétement la liberté de la presse; au lieu que le projet laisse paraître l'ouvrage, et seulement cherche à l'atteindre au moment de sa publication.

Mais, sous d'autres rapports, la liberté de la presse est anéantie pour les ouvages politiques, car le moindre retard peut leur être fatal : après les cinq jours, ils doivent être annoncés dans le *Journal de la librairie;* auparavant, ils ne peuvent pas l'être dans d'autres : ce journal peut différer beaucoup son annonce, il le fera peut-être s'il craint que les observations qui se trouvent dans l'ouvrage ne contrarient le plan du ministère; et il arrivera, en résultat, qu'avant qu'il paraisse et soit mis en vente, le projet aura été discuté et souvent la loi rendue.

L'art. 1er. n'a pas, j'en conviens, l'apparence de la censure ; mais qu'importe, s'il en a le résultat, ou s'il peut l'avoir à la volonté de ceux qui l'appliqueront? Or il l'aura évidemment toutes les fois que l'Autorité craindra que des brochures courageuses ne portent à la connaissance du public ce qu'elle aurait intérêt à lui cacher ; elle enverra sonder l'imprimeur sur ses intentions, elle le fera menacer : il sait qu'elle peut, presque à volonté, le priver de son état, comment résistera-t-il à tant de considérations personnelles?

L'art. 15 aggrave cet inconvénient; il assujettit au timbre tout ouvrage qui aura moins de cinq feuilles : or les ouvrages aussi peu étendus sont ordinairement ceux de circonstance ; ils coûteront autant que de gros volumes, personne presque ne voudra en acheter, et l'on sera privé de savoir les choses les plus intéressantes pour tout pays civilisé et régi par une Constitution.

Les pétitions sont permises à tout le monde par le droit naturel, le droit civil en détermine le mode pour en prévenir les abus; si elles ne sont pas écoutées, si l'on néglige de les présenter, qui pourra en instruire le public?

Le commerce d'une foule d'individus

dont la profession a des rapports immédiats avec l'imprimerie, cessera d'exister, ainsi que le crédit, qui en est la base ; le même préjudice sera éprouvé par les individus dont les rapports avec celles-ci seront plus éloignés, et qui sont extrêmement nombreux: il serait trop long d'entrer dans des détails, ils seraient fastidieux et d'ailleurs toujours insuffisans.

En établissant le timbre pour les ouvrages de moins de cinq feuilles, le projet a cru qu'on ne les lirait pas aussi facilement ; il a calculé juste pour le moment, mais il a mal lu dans l'avenir. Aujourd'hui on se privera volontiers d'une lecture qui deviendrait aussi coûteuse, on en a tant d'autres à faire pour la remplacer, et l'on est si rassasié de brochures, que la mesure actuelle aura d'abord son effet; mais ce sera la digue qui suffit pour arrêter la mer quand elle est tranquille, et qui, lorsqu'elle est agitée, en redouble la furie, et est franchie par elle avec d'autant plus de facilité qu'elle a rencontré plus d'obstacles. Au bout de quelque temps, on voudra connaître ces ouvrages qu'on aura négligés, et que les auteurs, libraires ou imprimeurs auront envoyés en manuscrits dans les pays voisins, d'où ils reviendront en France imprimés, comme il arriva, du temps de Louis XV, aux écrits prohibés, tels que *Voltaire* et *Rousseau* : tout ce qu'il y a, c'est qu'on les paiera plus cher; mais cette considération même les fera estimer davantage, et, comme il arrive toujours, on recherchera avidement ceux même que l'on mépriserait justement si l'on avait la liberté de se les procurer.

Eh quoi! faut-il donc se condamner à composer des volumes énormes pour avoir l'espérance d'être lu? Si Anacréon eût vécu parmi nous, il n'aurait donc pas pu la concevoir; car ses *Odes* sont loin de former vingt feuilles d'impression, et des sublimes harangues de Démosthènes, aucune n'eût trouvé grâce, pas même celle pour Ctésiphon, constamment regardée comme le chef-d'œuvre de l'art. Salluste, Catulle et Perse, chez les Romains, auraient donc été enveloppés dans la même proscription? En France, Gresset n'y eût pas échappé, et Parny, notre Tibulle, eût subi le même sort!

Enfin le projet, converti en loi, devient une arme à deux tranchans; on l'emploie maintenant, je le veux, à empêcher ou à arrêter la publication d'ouvrages irréligieux, séditieux ou immoraux; mais que le ministère change, qu'il soit remplacé par un autre qui les favorise et qui proscrive ceux dont ils sont l'antidote, supposition qui n'est pas impossible, et qui même s'est plusieurs fois réalisée, qu'arrivera-t-il dans ce cas?

On avait répandu dans le public que les Ministres étaient résolus à employer tous les moyens pour faire passer ce désastreux projet, et que si, après son adoption par les Députés, il éprouvait quelques difficultés dans la Chambre des Pairs, elles seraient levées par de nouveaux pairs en assez grand nombre : ce plan était digne d'avoir été conçu par Machiavel, et je disais, à cette époque, que c'était insulter à-la-fois les Ministres, les Députés et les Pairs, que de croire les uns ca-

pables de le proposer, les autres d'en remplir l'objet. « Si le projet, ajoutais-je, est bon en
» lui-même, il sera accueilli favorablement
» par les deux Chambres, sans qu'il soit be-
» soin, pour cela, de recourir à la finesse;
» s'il est mauvais, le ministère, que je sup-
» pose dirigé par l'amour du bien public,
» s'empressera de le retirer, le voyant re-
» poussé par l'animadversion générale : une
» autre conduite annoncerait un despotisme
» qui n'a jamais existé que chez les sultans
» et les sophis, et qu'un Gouvernement repré-
» sentatif surtout est incapable de tolérer. La
» Charte autorise le Roi à créer seul des Pairs,
» dont le nombre est illimité; mais assuré-
» ment elle n'a pas entendu que leur création
» aurait lieu lorsqu'il s'agirait de faire passer
» une loi quelconque. C'est déjà trop que
» dans une Chambre qui doit exclusivement
» s'occuper des intérêts du peuple, on ad-
» mette les fonctionnaires publics; ils sont
» tous nommés par le Roi à leurs fonctions,
» excepté à celle de Député; il y en a même
» un très-grand nombre qu'il peut révoquer

» à volonté : pour se maintenir ils seront
» donc naturellement portés à étendre ses
» prérogatives aux dépens de celles de leurs
» mandataires, puisqu'ils auront tout à re-
» douter de lui, et rien à espérer d'eux que
» de stériles éloges pour avoir rempli leurs
» devoirs. *Probitas laudatur et alget*, disait
» Juvénal dans la Satire des mœurs de son
» siècle ; elles sont aussi celles du nôtre : y
» aura-t-il beaucoup de citoyens assez coura-
» geux pour n'écouter au même prix que leur
» conscience ? Ils ne sont pas tous au-dessus
» du besoin, quoique les conditions sous
» lesquelles ils doivent être nommés fassent
» supposer le contraire; elles ont souvent été
» exécutées pour eux par d'officieux amis : si,
» d'un autre côté, la Chambre héréditaire, qui
» doit par essence favoriser les vues du Gou-
» vernement, et qui, jusqu'à ce jour, ne les a
» adoptées que lorsqu'elles n'ont pas attaqué
» les libertés publiques, dont elle s'est mon-
» trée la protectrice impartiale, voit entrer
» dans son sein tous les Français que le Gou-
» vernement jugera propres à voter pour un

» projet que la majorité actuelle repousse,
» n'y trouvera-t-elle pas une offense pour
» elle-même ? Admettra-t-elle ces intrus, et si
» elle les admet, n'est-il pas évident qu'il
» n'existe plus de contre-poids ? Celui que la
» Charte a voulu établir suppose donc, d'une
» part, que lorsqu'elle a créé une Chambre
» de députés, elle en a exclu tous les fonc-
» tionnaires publics; de l'autre, qu'elle n'a
» entendu autoriser le Roi à nommer des
» Pairs qu'après la session des Chambres,
» puisque l'admission des uns et des autres,
» sans aucune modification, pourrait avoir
» et aurait souvent pour conséquence de faire
» disparaître l'équilibre qu'elle a voulu éta-
» blir entre les pouvoirs : elle n'a pas fait
» cette distinction, elle l'a jugée inutile,
» et a cru que le sens commun et l'équité y
» suppléaient suffisamment; il serait déri-
» soire qu'on en renversât l'esprit, sous pré-
» texte de s'en tenir à la lettre : *in fraudem*
» *legis facit,* disaient les jurisconsultes ro-
» mains, *qui, salvis verbis legis, sententiam*
» *ejus circumvenit.* »

Telles étaient alors mes réflexions ; mais, depuis, l'évidence du fait a dessillé mes yeux. Une ordonnance a nommé soixante-seize Pairs, d'autre part on s'attend à voir rétablir la censure à la fin de ce mois, et quoique la convocation des Chambres l'ait supprimée de plein droit ; on parle même de la reproduction du projet de loi sur le droit d'aînesse, quoique rejeté avec indignation par la très-grande majorité, à la dernière session. Comment s'assurer que le projet de loi sur la prétendue répression des délits de la presse ne sera pas joint à celui-là ? Du moins sera-t-on prémuni contre celui-ci, en lisant les observations précédentes, où j'en fais ressortir tout le danger.

Enfin j'ai terminé ma tâche. Si j'avais eu à peindre des individus, je l'aurais fait sans ménagement comme sans haine ; c'est l'obligation de tout homme qui ose tenter d'éclairer ses semblables, il la contracte en prenant la plume : *Primum munus annalium reor*, me serais-je écrié avec l'immortel Tacite, *ne virtutes sileantur, utque pravis dictis factisque metus sit* ; je n'aurais pas été suspect en le faisant, je n'avais ni à reconnaître un bienfait, ni à venger une injure : *mihi nec beneficio nec injuriâ cogniti* ; mais j'avais à m'occuper d'une loi dont le projet alarmait la France entière. J'ai tâché de m'élever aux hautes considérations qui seules peuvent déterminer un législateur, je les soumets à mes concitoyens; quelque jugement qu'ils en portent, j'y souscris dès à présent : je n'ai eu d'autre objet que de me montrer ami de mon pays, autant que sujet fidèle; heureux si je suis parvenu à atteindre ce but !

FIN.

www.ingramcontent.com/pod-product-compliance
Lightning Source LLC
Chambersburg PA
CBHW060158100426
42744CB00007B/1081